應用社會科學調查研究方法

U0023019

郵寄問卷調查

Mail Surveys
Improving the Quality

Thomas W. Mangione　著
朱瑞淵、王昭正譯
孫智陸校閱

弘智文化事業有限公司

Thomas W. Mangione

Mail Surveys : Improving the Quality

Chinese edition copyright © 1999
By Hurng-Chih Book Co., Ltd..
For sales in Worldwide.

ISBN 957-97910-2-3
Printed in Taiwan, Republic of China

前言

　　就我個人在涉獵各種與調查資料蒐集有關的替代方法歷程中，有機會撰述一部以郵寄問卷調查技巧為主的著作，可說是一種相當有趣的發展。當我在 1960 年代末期與 1970 年代初期，於密西根大學的調查研究中心初次接受調查方法論方面的訓練時，要想獲得高品質的資料，事實上只有一種方法可供考慮——那就是親自面談（in-person interview）。然而，當擁有電話的人開始增加、而隨機撥號的技巧也獲得發展之後，電話調查（telephone surveys）就成了人們所青睞的另一項可供選擇的策略。電話調查方式所反映的，是存在於成本與品質之間一種最適宜的交換結果。而郵寄問卷調查之所以總被人們認為是一種最後才考慮的資料蒐集過程，最主要的原因就是回覆率方面的問題。

　　雖然如此，已有為數越來越多的研究團體證實了在進行郵寄問卷調查的時候，有許多的方法及細節可供運用，而讓我們得以產生出高品質的調查結果。就我個人來說，我堅信郵寄問卷調查的活動提供高品質的資訊。我撰寫本書的目標，就是要將郵寄問卷調查研究時所不可或缺的各

種關鍵要素，以簡明的摘要方式提供給各位作為參考。當諸位在閱覽本書時將會發現一項重點：在一項郵寄問卷調查研究中要想確保能獲得高品質的成果，絕不是只知道如何來引致令人滿意的回覆率就可以竟其功的；它還牽涉到要如何降低造成錯誤的其他根源，例如抽樣時所可能產生的各種偏見，以及答覆問題時所可能出現的誤差。本書便以這些對獲致成功有著舉足輕重之影響的各種因素為重點，讓各位能夠更了解其中的精髓及技巧。

　　藉此機會，我也要向自己的兩位良師致上誠摯的感激之意；我在調查技巧上之所以能夠更加精進及符合社會化之要求，他們兩位可說是居功厥偉。Robert（Rob）P. Quinn是我在密西根大學時的良師。我有幸由他身上學習到如何讓一項調查不僅是簡明易懂，而且還能夠臻於藝術的境界。他在指導我的時候，展現了一種出類拔萃的關鍵要素：他先讓我有自由發揮及嘗試的空間，然後再提供一種具有建設性的評論，使我的工作更加純熟精鍊。

　　當我取得博士學位後，在起初十八年內所進行的各種調查工作，都是與 Floyd J.（Jack）Fowler, Jr.並肩完成的。他也是密西根大學的畢業生，因此我們在研究的社會化歷程上，具有相同背景。當我們在波士頓麻塞諸塞州立大學的調查研究中心共事的那段時間裡，我發現他在追求高品質的資料蒐集成果方面，可說是奉行不渝而且全力以赴。

　　在追求資料品質方面，Rob 與 Jack 兩人都教導我一種意義深遠的觀念。它不但是我們在研究時所應追求的一項目標，而且你也可以幫助其他人在他們本身的工作中達到

這種高品質的境界——只要你能夠尊重其他人的研究目標，並且將你自己為了產生高品質資料時所使用的各種技巧與方法熱誠地與他們共享。Rob 與 Jack 兩人對於資料品質的追求可說是不遺餘力；就這方面而言，他們對本書的問世可說是功不可沒。

除了他們兩人之外，還有許多其他的人對於本書之得以付梓也提供了直接與間接的貢獻；我謹在此向這些幕後英雄致上誠摯的感謝。在過去的十五年內，我同時在波士頓大學及哈佛大學的公共衛生學院（Schools of Public Health）執教，教授調查研究方法論方面的課程。當你每天都必須面對一群研究所的學生，並且試著以言語清楚地向他們表達出如何使調查研究臻於最佳的境界時，我相信這應該是讓一個人能夠持續將其焦點置於資料蒐集品質方面的最好方式了。我在本書中所提到的內容，也許也都是我在課堂上執教時所發展而來的心得。我也衷心感謝我的所有學生，因為他們幫助我讓這些訊息得以更加精純地具體化。尤其是當我於 1991 年在哈佛執教時的那班學生，他們在有關於改善郵寄問卷調查的許多研究主題上，協助我進行諸多的資料蒐集與彙總，我特別要向他們再次致上謝意。

對於我目前的服務機構——JSI 研究與訓練協會（John Snow Inc. Research and Training Institute）——所提供的各項協助，我在此也要向他們表達誠摯的感謝之意；特別是該協會的總裁 Joel Lamstein，以及同時身兼副總裁與我隸屬部門主管的 Patricia Fairchild。他們在明知道當我要著述本書時勢必會佔用我的時間及公司資源的情況下，依舊鼓勵

我動手編撰此書。在本書的著述過程中，我也獲得 JSI 的許多同僚之協助，在此對他們的貢獻一併致上感謝。Jane Ryan 在設計本書中的所有圖表、以及在將所有參考書目進行整合的工作上，其付出可說是不遺餘力。Denise Yob 在所有圖表的設計上，也提供了極大的協助。Deborah LeBel 則是幫助我進行校對的工作。而 Teresa Frydryk 也花費了不少的時間與心力，來協助我完成參考書目的蒐集，並且對所有引用的正確性進行核對。

我也深深感謝我的家人（Kathy、Christy 與 Lisa）在這段為期不短的時間內，對於我在週末假日時仍必須埋首案頭所表現出來的體諒與支持；因為如此，才使我得以心無旁騖地完成這本與改善調查的資料蒐集品質有關的著作。

我最後想要聲明的是：當各位在閱讀這本著作時，或許會與以往所曾閱覽過的許多教科書有所不同。它應該會讓各位感到就有如坐在我的課堂中，正在聆聽我所教授的課程；它應該是相當實用、而不是艱澀難解的。當各位在探討完本書的內容之後，對於完成一項能夠產生高品質結果的郵寄問卷調查時所應該具備的各種技巧，勢必會獲得清楚的概念及了解務實的做法。這項目標正是我希望藉由本書所能夠帶給各位的。最後，謹向本系列叢書的編輯者——Len Bickman 與 Debra Rog——所提供的諸多協助致上感謝之意。

叢書總序

　　美國加州的 Sage 出版公司，對於社會科學研究者，應該都是耳熟能詳的。而對研究方法有興趣的學者，對它出版的兩套叢書，社會科學量化方法應用叢書（Series: Quantitative Applications in the Social Sciences），以及社會科學方法應用叢書（Applied Social Research Methods Series），都不會陌生。前者比較著重的是各種統計方法的引介，而後者則以不同類別的研究方法為介紹的重點。叢書中的每一單冊，大約都在一百頁上下。導論的課程之後，想再對研究方法或統計分析進一步鑽研的話，這兩套叢書，都是入手的好材料。二者都出版了六十餘和四十餘種，說明了它們存在的價值和受到歡迎的程度。

　　弘智文化事業有限公司與 Sage 出版公司洽商，取得了社會科學方法應用叢書的版權許可，有選擇並有系統的規劃翻譯書中的部分，以饗國內學界，是相當有意義的。而中央研究院調查研究工作室也很榮幸與弘智公司合作，在國立編譯館的贊助支持下，進行這套叢書的翻譯工作。

　　一般人日常最容易接觸到的社會研究方法，可能是問

卷調查。有時候，可能是一位訪員登門拜訪，希望您回答就一份蠻長的問卷；有時候則在路上被人攔下，請您就一份簡單的問卷回答其中的問題；有時則是一份問卷寄到府上，請您填完寄回；而目前更經常的是，一通電話到您府上，希望您撥出一點時間回答幾個問題。問卷調查極可能是運用最廣泛的研究方法，就有上述不同的方式的運用，而由於研究經費與目的的考量上，各方法都各具優劣之處，同時在問卷題目的設計，在訪問工作的執行，以及在抽樣上和分析上，都顯現各自應該注意的重點。這套叢書對問卷的設計和各種問卷訪問方法，都有專書討論。

問卷調查，固然是社會科學研究者快速取得大量資料最有效且最便利的方法，同時可以從這種資料，對社會現象進行整體的推估。但是問卷的問題與答案都是預先設定的，因著成本和時間的考慮，只能放進有限的問題，個別差異大的現象也不容易設計成標準化的問題，於是問卷調查對社會現象的剖析，並非無往不利。而其他各類的方法，都可能提供問卷調查所不能提供的訊息，有的社會學研究者，更偏好採用參與觀察、深度訪談、民族誌研究、焦點團體以及個案研究等。

再者，不同的社會情境，不論是家庭、醫療組織或制度、教育機構或是社區，在社會科學方法的運用上，社會科學研究者可能都有特別的因應方法與態度。另外，對各種社會方法的運用，在分析上、在研究的倫理上以及在與既有理論或文獻的結合上，都有著共同的問題。此一叢書對這些特定的方法，特定的情境，以及共通的課題，都提

供專書討論。在目前全世界，有關研究方法，涵蓋面如此全面而有系統的叢書，可能僅此一家。

弘智文化事業公司的李茂興先生與長期關注翻譯事業的余伯泉先生（任職於中央研究院民族學研究所），見於此套叢者對國內社會科學界一定有所助益，也想到可以與成立才四年的中央研究院調查研究工作室合作推動這翻譯計畫，便與工作室的第一任主任瞿海源教授討論，隨而與我們兩人洽商，當時我們分別擔任調查研究工作室的主任與副主任。大家都認為這是值得進行的工作，尤其台灣目前社會科學研究方法的專業人才十分有限，國內學者合作撰述一系列方法上的專書，尚未到時候，引進這類國外出版有年的叢書，應可因應這方面的需求。

中央研究院調查研究工作室立的目標有三，第一是協助中研院同仁進行調查訪問的工作，第二是蒐集、整理國內問卷調查的原始資料，建立完整的電腦檔案，公開釋出讓學術界做用，第三進行研究方法的研究。由於參與這套叢書的翻譯，應有助於調查研究工作室在調查實務上的推動以及方法上的研究，於是向國立編譯館提出與弘智文化事業公司的翻譯合作案，並與李茂興先生共同邀約中央研究內外的學者參與，計畫三年內翻譯十八小書。目前第一期的六冊已經完成，其餘各冊亦已邀約適當學者進行中。

推動這工作的過程中，我們十分感謝瞿海源教授與余伯泉教授的發起與協助，國立編譯館的支持以及弘智公司與李茂興先生的密切合作。當然更感謝在百忙中仍願抽空參與此項工作的學界同仁。目前齊力已轉往南華管理學院

教育社會學研究所服務，但我們仍會共同關注此一叢書的
推展。

章英華‧齊力
于中央研究院
調查研究工作室
1998 年 8 月

目錄

前言　　3

叢書總序　　7

1　導論　　15

何時才是郵寄問卷調查的正確時機　　15

本書所涵蓋的領域　　16

為何必須有一本僅探討郵寄問卷調查的著作
　　18

郵寄問卷調查應該避免的問題　　22

郵寄問卷調查的優點　　24

郵寄問卷調查過程的概觀　　25

2　問題設計的基本原則　　29

問題的類型　　29

有關問題內容的各項原則　　43

如何製作各種問題　　57

3　問題設計：進階篇　　65

未作答的問項　　65

篩選性的問題與省略的指示　　67

重複性的問題與可靠性　　70

改善敏感性問題的資料品質　　71

問題之排列順序所產生的影響　　75

答案選項排列順序所產生的影響　　76

答案選項結構所產生的成見　　77

問卷調查表的流程　82

4　抽樣的基本原則　85

是否應該使用隨機抽樣　85

抽樣架構　89

抽樣誤差　91

隨機樣本的類型　94

你所選定的樣本應該要有多大　111

5　存在於抽樣中的各種陷阱　115

過期的名單　115

由於涵蓋範圍不足所導致的成見　119

針對特定人群與針對特定地址所做的抽樣
　121

以加權方式處理各種回覆　123

6　避免產生無回應誤差的基本原則　127

無回應誤差　127

如何獲得令人滿意的回覆率　133

7　降低無回應誤差的其他方法　159

誘因　159

其他的各種方法　170

可列入考慮的其他方法　175

8　美觀（審美學）與良好管理的重要性　179

管理　179

美觀（審美學）　186

9　分析資料前的準備工作　195

編碼的慣例　195

　　　資料輸入　　198

　　　建立等級　　205

10　以整體性調查設計的觀點作概述　　209

　　　整體性調查設計　　209

　　　時間進度表　　216

　　　結語　　217

　　參考書目　　225

　　索引　　233

　　關於作者　　241

1

導論

何時才是郵寄問卷調查的正確時機

　　本書是一本有關於如何進行郵寄問卷調查的簡單論
述。但在你使用這種方式之前，首先必須決定的是：對你
的研究課題來說，郵寄問卷的調查是否為最適切的資料蒐
集策略。雖然在你讀完本書之後，將能對此問題有更佳的
解答能力，但在此處我還是要給各位一些提示，以了解適
合使用郵寄問卷調查之狀況所具有的特色。

　　在下列的各種情況中，值得我們考慮使用郵寄問卷調
查的方式：

1. 你的研究樣本被廣泛地分布於不同的地理區域內；
2. 你的研究預算並不寬裕；
3. 你想要讓你的研究對象有足夠的時間思考他們的答案；
4. 你的問題係以封閉式的型態來設計；
5. 你的研究樣本對調查主題所做的投資，屬於適度至高度之間；
6. 你的研究對象名單，在範圍上是屬於適度的；
7. 你想要讓你的研究對象在回答問題時，能擁有隱私權；
8. 與口頭方式相較之下，使用書面方式能讓你的問題獲得更佳的效果；
9. 協助你處理這項研究的人力相當有限。

　　當然，在你閱覽本書的同時，也可能會想到其他的適當理由。

本書所涵蓋的領域

　　本書所想要達到的只有一項基本的目標：提供讀者一種直接而實用的導引處理郵寄問卷調查。為迎合此目標，我在討論這項方法時，將使用與其他資料蒐集方法——例如親自面談（in-person interviews）、電話調查（telephone surveys）——相互對照的方式進行。這些其他種類的資料蒐集方法，對許多計畫的狀況來說，才是最合適的策略選

擇。在這方面也有許多其他的書籍可供研究者參考，以利用這些不同的方法有效地處理各種調查（Fowler, 1993; Lavrakas, 1993）。

我的重點並不直接地包含所有自我管理式（self-administered）的資料蒐集方法，我的中心目標只是說明郵寄問卷調查的各種技巧罷了。以這種方式限制涵蓋的範圍，我才能提供在完成一項高品質的郵寄問卷調查資料蒐集時所不可或缺的更多相關資訊。話雖如此，在詳述這些進程時，也可以看出有許多被提出來的資訊，同樣可適用於其他的研究狀況；這包括了各種範圍更廣泛的自我管理式形式，例如團體的管理。

在本書的所有資料結構中，最主要的一件事情就是：其重點乃在敘述如何完成高品質的研究。有時候，品質所隱含的另一項意義就是所費不貲；就某種程度而言，這的確是事實。為了要達到小心謹慎或完美無瑕的境界，確實需要有各種的資源及金錢的支助；因此，高品質的計畫也就代表了一種較為昂貴的計畫。然而，並非所有具備高品質的目標都必須獲得額外的資源才能竟其功。有些時候，它只需要有妥善的規劃及審慎的考慮；有時候它只要有足夠的時間，不疾不徐的進行；有時則只要獲得另一種全新的觀念就行了；有時候它只是單純的意味著在自己的心中很清楚你所試圖完成的目標而已。

相當有趣的是，如果全然以價值做考量的話，有時候那些迅速而又不光明的各種調查，反而是花費最為昂貴的。假如這種迅速又不光明的調查所產生的資訊是毫無價值、

一無事處、而且會造成誤導的話，那不論你在完成這項調查時所花下的心力、時間、金錢是多少，都是不值得的。相反的，設計出一種能夠帶來高品質資訊的調查表，將會讓你所投注的金錢獲得最佳的代價；而且它也會成為資料蒐集的一種最有效率的方法。

為何必須有一本僅探討郵寄問卷調查的著作

這個問題的答案相當簡單：世界上充斥著各種品質低劣的郵寄問卷調查實例。郵寄問卷調查之所以吸引人，其魅力是在於它表面上的單純性——只要在紙上打出某些問題，將它們複印，寄給那些調查對象，等著回函的到來，然後再分析所有的答案。然而，在任何的調查過程中，都包含了許多必須深思熟慮的重要步驟，而且要以一種特定的先後順序執行。如果對這些步驟一無所知，無可避免的，你將會很容易就陷入於一種只能設計出品質低劣之產品的淵藪。

人們之所以會完成一些品質低劣的作品，其原因可說是不勝枚舉。時效上的壓力肯定是其中的一種原因，但最重要的因素或許是不學無術——對於某項決定所可能帶來的負面影響懵懂無知。為了讓各位能對這些潛在的問題有所認識，我們將以兩項具有瑕疵的郵寄問卷調查為例；提出這兩個案例的用意，並非要嘲笑其結果或將矛頭指向其

調查數據；相反的，是要提高各位對於了解及準備之重要
性的認識。

實例 1：文學文摘對 1936 年美國總統大選的離譜預測

這個例子可說是調查研究領域中的一項軼聞。在近代
許多最具戲劇性及公開性的研究失敗案例中，此項調查也
名列其一；而它根本的故事也是美國政壇上的民間風俗之
一部分。但與我們目的有切身關係者，乃是事後在對這項
研究所潛在的問題進行解釋時，這些解釋的本身卻指鹿為
馬，完全搞錯了真正的罪魁禍首（Bryson, 1976）。

文學文摘（The Literary Digest）之所以聲名大噪，乃
是它在 1936 年的總統大選之前，公布了一份民意測驗的結
果，並預測誰會成為即將到來之大選的勝利者。在 1936 年
時，文學文摘肯定地預測 Landon 將會擊敗 Roosevelt。當然，
我們每個人都知道，Roosevelt 在那次大選中以極懸殊的優
勢擊敗其對手，並且二度連任總統的寶座。這項民意測驗
怎麼會錯得這麼離譜？對於那次民意測驗的失敗，當前的
大部分解釋都將焦點放在樣本選擇的策略上；並說這項研
究的對象，僅侷限於那些擁有電話的少數人。因此，最常
見的說詞就成了：僅針對擁有電話的少數人進行調查，並
且以電話蒐集資料，而使得這項民意測驗只及於有投票權
人口中的某個特定部分——而這些人大部分都是共和黨的
支持者。

這些有關於此項研究的最常見說詞，在許多方面都與事實不符。第一，調查樣本並非僅侷限於那些擁有電話的人；所選擇的樣本群體其實是來自於各種不同的資料來源——電話簿、汽車註冊資料、以及選舉人的登記名冊。這個樣本群體在企圖涵蓋所有的投票人口上，可說是相當合理。第二，資料蒐集的方法並非藉由電話，而是透過郵寄問卷調查！因此，文學文摘所做的乃是一項郵寄問卷調查，而且它的預測與選舉結果大相逕庭。為什麼？答案其實很簡單：這些資料乃是由選舉人口中的一群心存偏見者所提供；這並不是因為所選擇的樣本群體都心存偏見，而是由於回覆此項調查的樣本對象大都心存偏見。該文摘的這項民意調查，有效的樣本回覆率(response rate)僅為 23%；而問題就在於 Landon 的支持者比 Roosevelt 的支持者更傾向於答覆此項問卷；因為如此，在所獲得的資料中很不幸地就包含了一種無法挽救、而且是屬於輿論上所顯示出來的瑕疵。

實例 2：Sheri Hite 對性行為所做的研究

在 1970 年代中期，Sheri Hite 博士進行了一項有關女性性行為的研究，這在當時是相當風靡的（Hite, 1976）。Hite 博士所使用的方法，乃是將回函調查表（mail-back surveys）印刷於許多不同的雜誌內、並將其配送給許多的團體，以盡其所能地將它大量分送給讀者。所發送出去的調查表約為十萬份，但回收的則僅有大約三千份而已，整

個的回覆率只達 3%。與前例相同的問題再次出現：過低的回覆率會讓人對於研究的結果感到懷疑。由於大部分的潛在受訪者都未對此項調查做出回覆，而使得答覆此項調查的少數受訪者所表示的意見，很可能會和一般大眾的看法有所出入。不可諱言的，我們無法確切地知道這中間的關聯性，但它的確會讓人對這些結果心存懷疑。

　　在 Hite 所進行的這項研究中，也存在著許多方法論上的問題。Hite 博士所設計的問卷調查表，使用的格式純粹是屬於開放式問題（open-ended question）；這不但使得回答各項問題的困難度大為提高，也使得在對這些回函中的各種資訊進行有系統地節錄時，面臨更大的挑戰。很明顯的，這種開放式問題的設計，是讓許多人對問卷望而卻步的因素之一。要求受訪者在七十個、或是更多的欄位中勾選答案是一回事；但要求她們對七十項主題寫下簡短的評論時，可就是截然不同的狀況了。

　　此外，這些問題的本身也產生許多困擾。在某些問題中對於身體上不同部位所使用的措辭，乃是通常所使用的俗名；這可能會讓某些潛在的受訪者感到不快。有時候，在一項問題中受訪者可以選擇她所想要回答的某一特定部分；這會使得在對不同受訪者的答案進行比較時出現困難。

　　各種方法論上的問題如何能輕易地同時出現在一項研究中，以及在評估某項研究是否能夠有效地代表整個群體時、這些問題又如何讓人們對研究的結果產生嚴重質疑，上述的研究可說是一項極佳的例子。

郵寄問卷調查應該避免的問題

　　由以上的兩個實例，各位對於在處理一項郵寄問卷調查時所可能面臨的各種類型之問題及議題，應該能有初步的認識。在以下各章的內容中，應該對諸位在避免各種主要的陷阱方面能有所助益。概括來說，最有可能產生各種問題的領域，大致上可歸類為四種：

1. 最普遍的問題類型就是「樣本選取的偏差」（sample selection bias）。使用一份不具有充分代表性的名單挑選樣本，乃是一種相當嚴重的錯誤。有時候這份名單已經不合時宜；人們可能已經搬走或剛遷入，但你手中的這份名單卻無法提供這項最近的變化。顯而易見的，如果你是由一份已過時的名單來選取樣本，則獲得的必然是過時的樣本。有時候，這份名單所帶來的問題可能會更為複雜；你可能會使用了錯誤的名單。舉例來說，假如你想要了解人們為何會、或何以不會使用住家附近的保健中心時，你或許會使用病人的檔案選取樣本——某些最近才去光臨的人、以及那些最近不曾光顧過的人。然而，你真正要問的問題是「住在附近的人們，為何有些人會利用這家保健中心，而有些人卻不然？」因此，最適當的樣本應該是由附近的居民所組成的樣本，而不是保健中心的客戶群所構成的樣本。確定你所使用的名單與你想要研究的群體有著直接的關聯性，乃是獲得符

合品質要求之資料的決定性因素。

2. 牽扯到樣本選取的第二種問題範疇，乃是與「回覆樣本的偏見特性」（biased nature of the responding sample）有關。假如你由受訪者中所收到的回覆，主要都是來自於那些具有某種特定偏見的人們時，就算是你所選取的樣本是如何地精確或隨機抽取，也都是徒勞無功。很不幸地，要了解回覆樣本是否具有特定偏見，實在是很困難的事情。避免此項困擾的最好辦法就是盡量提高問卷的回覆率，若有可能的話，至少要達到 75%或更高。在這種程度的回覆率之下，就算那些未作答者的意見與回覆者的看法有著明顯的不同，因此而影響到你對整個群體之預估的機會也將大為減少。

3. 「受訪者並未對每一項問題都進行作答」則是另一種常見的問題；他們對某些問題不予回答，不經意地忽略了某些問題，未依照指示而以不正確的方式填寫答案，或是所寫出的意見無法符合你所設定的答案範疇。如果發生這種情況的比率過於頻繁，你所獲得的資料可能會再次面臨不夠客觀的窘境。

4. 最後一種範圍頗為廣泛的問題，則是來自於因為措辭或語法的使用，而讓受訪者對問題產生誤解。計量性調查研究（quantitative survey research）的精義，便是讓每一個人都能以相同的方式了解問題，並對該問題提供一項答案。這是一種說起來簡單，但有時候卻會讓人沮喪而不容易達到的目標。以下兩個原則將有助於讓你設計出令人激賞的各種問題——讓問題清楚而明確，並且不

要奢望人們會記住先前的問題。我們雖然已擁有許多可以幫助自己達到這項目標的新工具，但要竟其功仍得再加把勁才行（Fowler, 1995）。

在敘述完以上四種可能會產生各種問題的廣泛領域後，藉著這個機會，我也要告訴各位在使用這本書時，應該謹記在心的一項重要目標：當你在進行郵寄問卷調查的設計時，每一個階段及所有的部分都應該要追求其品質；這點是相當重要的。如果你為了要使某一個部分達到盡善盡美，而犧牲了另一個部分的品質時，將會使最後的產品在整體的品質上仍舊存在著無法彌補的缺憾。品質這種東西是不能截長補短的，唯有在計畫中的所有階段都全力以赴，才有可能達成這項目標。這種在所有的領域中都盡力追求完美品質的主張，也就是我們所稱的「整體性調查設計」（total survey design）（Biermer, Grovers, Lyberg, Mathiowetz & Sudman, 1991）。在以後的每章中，我都會強調如何在特定的領域內追求品質；但是在最後一章裡，我會提醒各位必須要將每一部分都串連在一起，以完成一份高品質的產品。

郵寄問卷調查的優點

郵寄問卷調查雖然存在許多尚待克服的問題，而且對

那些學藝不精的研究人員來說也潛伏著許多陷阱；但它終究還是一種相當合適的蒐集資料之方法，而且也能夠產生高品質的資訊。與其他資料蒐集的方法相較之下，郵寄問卷調查所擁有的優點包括了：

1. 費用上較為節省；
2. 在較短的時間內，可以對大量的受訪者進行調查；
3. 可讓受訪者有足夠的時間作答，有必要的話還可以去查詢相關的資訊；
4. 受訪者在回答時擁有隱私權；
5. 可允許視覺上的輸入，而不是僅有聽覺上的輸入；
6. 可讓受訪者在他們自己認為方便的時間裡作答；
7. 可讓受訪者了解在一系列問題之間的前後關係；
8. 可讓受訪者不會受到訪談者所帶來的干擾。

郵寄問卷調查過程的概觀

在本導論中的最後一部分，我將提供諸位一些基本概念，幫助各位了解在處理郵寄問卷調查時可能會有那些步驟。在後續的各章中，將提供諸位如何完成這些不同步驟的相關資訊。第一個步驟就是要確定這項研究的目標。你想要完成的是什麼？在這項研究中你想要提出來的議題有

那些？當我們能夠確定調查過程中的「目標」（what）及「對象」（who）是那些之後，則在蒐集資料時所能使用的各種合理的替代方法，自然也就呼之欲出。在這個階段中，我們通常都會選擇使用郵寄問卷調查的過程作為資料蒐集的手段。

再過來，則有兩項需要同時進行的過程。其一是問卷調查表的設計，其二是樣本的選擇。樣本的選擇所牽扯到的範圍包括：你所界定的群體，取得一份此項群體的名單，隨機選取樣本，以及準備你的樣本的郵寄標籤。而在問卷調查表的設計中，所牽扯的則是：要讓這項研究的目標變得更為明確，尤其是要以你所需要的各種特定資訊為考量，讓受訪者回答你的各項研究問題。當你在構建自己的這項調查內容時，使用一份詳細的草稿作為引導概要，乃是一種相當有用的方式。至於在每個問題中所使用的措辭及語法，則需要反覆加以推敲——先將問題草擬出來，試著回答，評估它的成效，並且做必要的修飾（有時候還得修改好幾次）。

而你的問卷調查表絕對不只是一份問題的名單而已。問卷中的流暢性，各種問題的邏輯順序，你設定的答案類別之形式，以及整份問卷的類型，都是你在這個階段中所必須殫精竭慮的各項問題。

而讓你所想要的資料能夠回收，又牽扯到各種必須審慎進行的文書流程——確定正確的問卷被放入正確的信封中，而讓正確的收件人能夠收到它，是一件不可掉以輕心的事。在這個時候，你必須決定郵寄與發出提醒信函的先

後順序，以及要提供何種誘因（incentives）給受訪者使他們願意回覆。隨著調查表附上回覆信函（respondent letter），可能是一種值得考慮的伎倆。

當調查表回收之後，追蹤那些人做了回覆、那些人置之不理，也是一件很重要的事情。對於那些尚未回覆的受訪者，應該再發出提醒信函請其協助完成調查。再過來就應該藉由製碼、編碼、「輸入」、以及軟體規格需求等一系列過程，將問卷調查表中的各項資訊改譯成數字，以供電腦對資料進行分析。最後，再過濾任何前後矛盾的資料，並對編碼者或輸入者所造成的錯誤進行修正，你就可以準備對這些資料進行分析了。在整個研究的過程中，分析及製作報告乃是最後的兩個步驟。

2

問題設計的基本原則

在本章中我們將討論問題設計的基本原則。在一份長達數頁的空白紙張上，你要如何設計能夠吸引人們願意作答，並且引發其他人有興趣對其答案進行解讀呢？首先，我們將由其組成結構——亦即問題的形式——開始探討；特別是針對各種不同的問題類型進行說明。其次，我們將討論各種問題的內容以及如何設計出足以有效配合你的研究目標的各項問題。

問題的類型

在調查設計的領域內，各種的問題均可被歸納為兩種廣泛的類型：開放式（open-ended）問題與封閉式（closed-ended）問題。在開放式的問題中，我們並不提供任何特定的答案範疇，而是讓受訪者以自己的方式回答。但對封閉式的問題而言，我們不僅提出詢問，而且還提供數種具有替代性的答案；此時受訪者只要由這些答案中，挑選出最能代表其目前狀況者即可。

開放式問題

現在，就讓我們由開放式問題開始討論。在此類型的問題中，事實上又可細分為兩種形式——答案簡短而特定的類型以及答案較長而屬敘述式的類型。例如：「你目前年齡多大？」，然後再讓受訪者於畫有底線的空位上填寫答案的問題，便是屬於前者的例子之一。此種類型的問題，一般都被使用於各種可能的答案所涵蓋之範圍過於廣泛、而無法逐一列舉的狀況下。當我們所需的答案相當簡短時，這種類型的問題設計將可發揮極佳的效果。此類型的其他例子尚包括：「你就讀於那一所學校？」以及「你的出生地在那裡？」等。使用此種方式蒐集相關資訊時，可能會面臨的唯一困擾便是：當字體過於潦草而不易辨認時，將會影響資訊的使用；而且偶爾也會因為不適當的答案，而造成各種誤解。舉例來說，在「你是如何到辦公室去的？」這項問題中，你原本所想了解的乃是受訪者係以何種交通工具抵達其辦公處所，但你卻可能獲得「我沿著河流向下的路線抵達辦公室」之類的答案。

開放式問題的另一種類型，則是屬於答案較長而接近

敘述式的型態。與前者相較之下，此類問題的答案會顯得較為冗長——可能需要以一句或數句話、甚至是一段話說明。在那些屬於自我決定的問卷調查表中，這種開放式類型的問題所獲得之效果可能無法盡如人意。最大的癥結乃在於許多受訪者均會將此部分略過；或許只有 25%至 50%的受訪者會對此類問題進行回答。而在所有肯回答問題的受訪者中，你還可能會遭遇另一項困擾：字體過於潦草，或是答非所問。例如在「你為何要離開原本居住的地方？」這個問題中，所得到的答覆或許是「那些人對我造成騷擾」。而為了要有效地使用這項答案，你可能還需要進一步了解在該答案中所指的是何人，以及他們是以何種方式對受訪者造成「騷擾」。

在此種敘述性的開放式問題中，這些問題可說是令人頭痛萬分，因此作者的建議便是盡量避免使用。我認為此種問題可發揮其效果的唯一場合——不論是基於禮貌性或補充性之考量——便是在整份調查問卷之結尾以「其他意見」的詢問方式提出。舉例來說，你或許可問到「在過去的一年內，你是否有獲得任何的獎勵？」然後再以「是／否」的欄位讓受訪者勾選。如果受訪者回答「是」的時候，你可禮貌性地緊接著更進一步的詢問，請其回答該項獎勵為何。

封閉式問題

在此類型的問題中，又可細分為許多不同的形式；本

文將針對最常使用的形式加以說明。

- ### 「是／否」類的問題

此類型的問題，乃是封閉式問題中最簡單的形式。我們在一天之內，可能就會被問到數十次的此類問題。這種形式可說是非常直接了當；先提出詢問，然後讓受訪者由兩個欄位中——「是」與「否」——加以勾選。在這種「是－否」類的問題中，如果受訪者的答覆爲「是」時，則尚有一種「勾選單」（checklist）的變化形式存在；它是一種方塊狀的資訊，可讓受訪者另行勾選。當你在某一組問題中，有許多關聯性的事項要加以調查時，如果想讓受訪者更易接受此項問卷，那這種方式便是最常被採用的。假如你曾經填寫過病歷調查表的話，對於類似「請就下列的各種疾病與狀況，勾選出在你兒童時期曾發生者」之類的表單，應該不致於感到陌生才對。

我對於「勾選單」所唯一關切的問題，便是你無法分辨出在一項「否」的答覆以及一項「無意中漏掉」或「不知道」的答案之間的差異性。爲了讓所獲得的資訊能夠臻於盡善盡美，我建議即使是在一種勾選單的格式中，你也應該提供「是」與「否」的欄位。我相信當受訪者在被迫回答「是」或「否」的過程中，將會使他們花稍微長一點的時間考慮答案，這點對我們應該是有益無害的。

與「是－否」類問題如出一轍的，尚有「真－僞」及「同意－不同意」之類的問題。

- 「複選」類的問題

　　另一種常見的問題類型，便是「複選」（multiple choice）
的形式。所有的學生應該都不會對它感到陌生才對，因為
有許多的期中測驗都是以此種類型為其主要部分。要構建
出一個良好的複選類問題，其關鍵在於你所提供的類目應
該互相具有排他性，而且其涵蓋範圍應包括人們所經驗過
的各種替代方法。在本章中的最後一部分將討論各種的方
式，以讓你能確定自己是否符合這些標準。在這些類型的
問題中，附上例如「請勾選一項答案」的簡短提示，或許
是一種可列入考慮的方法。如果有可能會出現許多的答案
時，你也應該讓受訪者可以勾選一個以上的答案（這時應
該也要附上一項簡短的說明）；或者你也可以讓每一種替
代性的選擇以「是－否」類的問題表示。此外，你偶爾也
可以將「其他」（other）的這項答案，列入可選擇的範圍
中。但這種方式僅適合偶爾為之，因為當受訪者勾選這項
答案後，將會為你帶來摸不著頭緒的困擾——你無法明確
地了解受訪者的看法。有些時候，研究人員會在「其他」
這項答案之後加上「請說明」或「請詳述」之類的附註；
此時，這項後續問題所使用的就是一種開放式問題的形式，
並且會受制於它是否能夠激發受訪者願意回答的興趣。

- 語意差異

　　另一種問題的類型，則是屬於「語意差異」（semantic
differential）的形式。當受訪者在接受這種形式的問卷調查
時，他們通常都會被要求對某一標的物進行描述；例如他

們的醫師、配偶、老闆、自己的心情等。在這種問題中，會包括一系列語意上呈現兩極狀態的形容用詞，並請受訪者在 1 至 7（舉例來說）的數字中，挑選出一個最足以代表其感受的數字。例如：

活潑的	1 2 3 4 5 6 7	沉悶的
熱情的	1 2 3 4 5 6 7	冷淡的
聰慧的	1 2 3 4 5 6 7	魯鈍的

　　有些時候，研究人員會藉由要求受訪者進行兩次的回答，而讓此類型的問題變得較具複雜性；例如第一次的回答是針對你「目前的」老闆，而第二次則是描述出你「理想中的」老闆。然後再對這兩種評等的結果進行比較，並計算出它們之間的差數（difference; differential）；當這項差數越大的時候，我們可假設受訪者對他目前狀況的「滿意度」就越低。如果你想對「目前的」以及「五年前的」狀況做一評比時，就可以利用這種經過變化的兩次評等的處理程序，蒐集你所需要的資料。

• 等級排序

　　「等級排序」（ranking）類的問題，則是另一種形式。在這種類型的問題裡，你所希望的乃是受訪者能夠在一群替代性的選擇中，將其偏好的優先順序做一等級排列；例如「在以下所述與選擇本校有關的各項原因中，請將你考慮因素的優先順序依重要性做一等級排列」。你將會發現，

只有在你提供給受訪者評定排列順序的項目不至於太多時，這種等級排序類的問題才能夠發揮最大的功效。根據經驗顯示，在一份名單中只有三到七種項目需要被排序時，它的效果會是最好的；如果你所提供的項目超出此上限，則受訪者在區別的過程中將會有困難。

在使用此種類型設計問題時，有一項你必須先確定的議題：你是否打算讓「平分秋色」（tie votes）的狀況出現？大部分的研究人員都不願見到這種不分勝負的選擇情況，因為這將使後續的統計分析變得更複雜而滯礙難行。因此，你必須在問卷中做一明確的指示，不允許有這種平分秋色的現象出現。另一項攸關成敗的議題則是：忽略或未考慮某項重要的因素。你肯定不願意見到受訪者自行將其他的原因增加在名單中，因為這將使你在相互比較不同的樣本時，變得困難重重。

在設計這種類型的問題時，通常都會傾向於使用一種類似於開放式問題的變化回答形式。你可以列出七項將被排定等級順序的原因，再於每項原因之後劃上一條底線，並註明「在你認為最重要的原因之後寫上 1，次重要者寫上2……·以此類推。」這種做法或許可以發揮功效，但是你仍將再度面臨到書寫字體無法辨識的風險。解決此種困擾的方式之一，就是在每一項原因的後方，將可能的等級順序都列出，並請受訪者以圈選方式回答。例如：

等級順序
項目 A：第一　第二　第三　　第四　　第五　　第六　　第七

項目B：第一　第二　第三　　第四　　第五　　第六　　第七

• 評定尺度

在問卷調查表中，「評定尺度」（rating scales）也是一種相當常見的類型。這種評定尺度的形式，乃是對於某一項特定的屬性，在其最低以至最高程度的範圍內，列出一份涵蓋各種替代性選擇的名單；舉例來說：特優（excellent）、優（very good）、良好（good）、平平（average）、普通（fair）、不佳（poor）等。在評定尺度的範疇中，有一種被稱為「李克等級」（Likert scale）的特定子集；在這種形式中會涵蓋了各種「同意」與「不同意」的不同程度。

非常同意　同意　無意見　不同意　強烈不同意

當我們在試圖構建一種評定尺度的時候，有許多要素是必須列入考慮的：我們將在以下對其逐一進行討論：

心理上的距離（psychological distance）：你所選用的等級區分，最理想的情況應該是要讓受訪者在闡釋每一個區分點之間的「距離」時，都將其視為是等距的。就大部分的情況來說，它是屬於一種主觀上的認定；因此，最主要的關鍵就是你不應讓自己所設定的等級出現過大的間隔，或是兩個鄰接的不同等級卻擁有幾乎相同的定義。以下所述便是存在此類瑕疵的一些例子：

特優　優　普通　不佳（間隔過大）

特優　良好　平平　普通　不佳（區分點過於接近）
特優　優　不佳（間隔過大）

可選擇答案之數目（the number of response alternatives）：通常來說，我們在各種項目中所看到的等級區分，大約是介於三至七種之間；但有時也會見到十個、甚至是一百個區分等級的出現。除此之外，其他的區分數目就不怎麼常見了。在三到七種的等級區分、以及其他的區分數目之間，你應該如何選擇呢？這個答案完全取決於你所從事的特定研究、以及你想要進行的分析。一般來說，你應該要提供受訪者足夠的選項，以便讓它們能夠充分代表受訪者的感受或經驗；但是這些選項的數目又不能過多，而導致它們彼此之間的差異變成不易區別或微不足道。在決定使用某一特定數目的選項時，除了應該要避免選項的數目過多之外，倒也沒有其他必須特別注意的事情了。

選項的排列方式（the order of presentation of categories）：在顯示出各種選項時，必須以一種遞增或遞減的一致性方式排列；也就是說，所有的選項應該以排成一列或排成一行的方式編排，而不應該出現會讓人產生混淆或不明確的排列順序。當你在編排的時候，如果將各種可選擇的替代性答案以兩行排列（如下例所示），便會出現上述的瑕疵：

特優　優
良好　普通

在同一份問卷調查表內，你將兩種不同的陳述方式混合使用——也就是說，有時候將各種選項以一致性的遞增方式、有時則以一致性的遞減方式編排——或許也是種不錯的選擇。但是在評比某一特定議題的一群問題項目之中，切記不可使用這種混合編排的方式；它的適當使用時機，應該是被用在不同的張頁中、與評比不同議題有關的時候。在採用這種方法時，你對於某項特定議題所提供給受訪者的應該是一種前後一致的格式；如果你打算在不同的段落之間，改變所使用的格式時，應該讓受訪者對於此種變化保持「警覺性」。

單極式或雙極式的等級（unipolar or bipolar scales）：這項議題乃是有關於在你選項中所選用的遣詞用語，應該是從「完全沒有」以至於「極高程度」（亦即「單極式的」），或是由「極度的否定」、經過「無意見」的階段、以至於「極度的肯定」（亦即「雙極式的」）。舉例來說：

單極式的：特優　優　良好　普通　不佳
雙極式的：強烈不同意　不同意　無意見　同意　非常同意

就此項議題而言，除了個人的偏好或是在你分析計畫中的需求之外，在選擇使用任何一種格式時，事實上並無孰是孰非的因素存在。

奇數或偶數的選項數目（odd versus even numbers of choices）：當你選擇奇數或偶數的選項數目之後，兩者間

其實只存在著一種差異。如果你所選用的是奇數的選項，那自然會產生一個中間區分點（middle point）；這種狀況在上述所提到的雙極式例子中便顯而易見，因為「無意見」這個選項就是同意與不同意之間的中間區分點。然而在上述單極式的例子中，「良好」這個選項也成了一種「中間區分點」。如果你將這個例子中的選項改為以下所述，那將會使這項特定等級的關聯性為之增強：

特優　優　平平　普通　不佳

因此，應該列入考慮的問題是：你是否想要有一個中間區分點？對一種單極式的等級而言，不論是否有中間區分點都不會造成什麼影響——四種、五種或六種的選項數目，對於資料的形式來說都不會產生太大的差異；只要你自己認為合適、並且能夠符合你的主題所需就可以了。但是對於雙極式的等級來說，這項議題的影響就較為深遠了；因為你如果提供受訪者一項中間性的選擇，那他們就會使用到這個選項。在分析某些問題時，這種影響或許不大；但是當你想要「強迫」受訪者表明他們所傾向的立場時，它可能就會讓你無法做出適切的分析。因此，如果你的用意是如後者所述，那就不應該讓受訪者有機會圈選一項中間區分點。對於一項較為複雜、而又與情緒有所牽扯的爭議性問題，當你想要讓受訪者表達他們的意見或看法時，你可以利用一個涵蓋六種選項的等級——讓介於中間的兩個選項「接近於」中間區分點——協助受訪者能夠做出較

適當的區分。例如：

強烈不同意　不同意　有些不同意　有些同意　同意
非常同意

平衡式的等級（balanced scales）：在設計某項要進行調查的問題時，如果是採用一種不平衡式的等級（unbalanced scale），基本上它就已經明顯地具備了拙劣的本質。所謂不平衡式的等級，就是指在「中間點」之前及之後的選項數目是不平均的。例如：

非常同意　同意　有些同意（未被表明的中間選項）
不同意

　　為何這種安排會產生極大的瑕疵呢？基本上，在你所提供的各種答案中，已經有著偏袒某種導向的成見存在。以上述的例子來說，受訪者在「同意」的這一方面，共有三個不同的選擇機會；但是在「不同意」的這方面，卻只有一個選擇。如果是採用這種等級排列進行某項研究的話，當我們看到其調查結果顯示出「對於現任市長的政績，幾乎有 80%的市民都抱持著肯定的態度」時，也就不必大驚小怪了。或許大部分的市民事實上真的是這麼認為；但換個角度來看，這項結果可能只是藉由等級排列的手法所構建出來的一種粉飾太平的假象罷了。

　　提供受訪者一個「不知道」的選項（presenting a「don't

know」category）：在你所設計的答案名單中，是否應該涵蓋一個「不知道」的選項呢？與不提供這種選項的情況相較之下，如果你提供受訪者這項機會時，可以確定將有更多的受訪者會圈選它。但是從另一個角度來看，如果受訪者所想表達的正是這種意思，卻又沒有適當的途徑讓他們表示出這種反應時，他們可能會因此而被激怒。當你所調查的是屬於一種學識類型的問題時，你當然要提供一個「不知道」的答案選項；它有助於讓你了解究竟有多少受訪者對此渾然不知。當你所問的是與表示態度有關的問題時，這種「不知道」的答案有時候就等於是「沒意見」，但它有時所代表的意義卻是「對於這項議題，我的感覺是百味雜陳」。根據我個人的經驗，在你所提出的問題中如果只有「同意」與「不同意」這兩種答案可以選擇的話，人們通常都會對這種兩極式的答案產生排斥，因而促使他們選擇「不知道」作為回答。要解決這種困擾的方法之一，就是盡可能提供更多較接近於中庸看法的選項；這麼一來，你就會更容易掌握人們到底是「傾向」於那一邊了。

《交談與出版》（Converse and Presser, 1986）一書中便建議在提出問題時，首先就詢問受訪者是否有他自己的看法；如果有的話再繼續了解他的見解為何。我認為這種方式在郵寄問卷調查中的確有可能做到，但它卻會造成某種程度的不方便，而且會在各項問題的流程中添加了許多額外的指示。你必須考慮究竟有多少人是真的「不知道」，而且在明確地取得這些資訊後對你到底能產生多大的幫助。

以行為次數為導向的等級（behaviorally anchored scales）：當你在對等級區分進行敘述的時候，共有兩種類型的語法可供使用：一種是主觀式的措辭（subjective terms），例如「許多，有一點，很少」等；另一種則是以行為次數為導向措辭，例如「超過五次，三到四次，一至兩次」等。使用以行為次數為導向的等級時，它的優點是你可以更加確定人們在對同一件事情提供類似的答案時，他們所指的真正意思。舉例來說，當你問兩位主管人員有關於員工的遲到狀況時，兩人的回答可能都是「經常發生」。然而，其中一人的意思可能是說十次或超過十次，但另一位的定義或許是三或四次。此時，我們所用的如果是以行為次數為導向的等級時，那就能讓這種存在於實際狀況中的差異變得清晰可見。

　　照這麼說，那為何還會有人要使用主觀式的語法措辭呢？因為在某些問題中，你真正想了解的只是受訪者如何評估某項議題，而不是要他們提出客觀性的實際狀況。在這種情況下，採用主觀式措辭的等級區分，將會獲得較佳的效果。以我們剛才所提到的兩位主管人員為例，雖然他們各自所屬的員工在遲到的次數上有所不同，但兩個人都認為是「經常發生」，這點才是一項非常重要的資訊。至於要採用那一種類型的等級區分才最適合你呢？這完全是取決於你對各項問題所要進行的分析是以什麼為目標。

有關問題內容的各項原則

　　我無法像一般的家庭食譜那樣，對各位的每項問題都提供逐一的解答，這點乃是無庸置疑的。每一項研究都有其不同之處；而依據你所既定的興趣及研究目標，在探究每一個主題時也都會出現某種程度的差異。我所能提供給各位的，只是某些有助於讓你編寫出高品質問卷的指導原則。

　　在編寫一個問題時，我們的基本目標是什麼？其實很單純，那就是：對所有的受訪者來說，它所提供的乃是一種標準化的刺激（standardized stimulus）；而且在記錄所有受訪者的答案時，它也能提供一種系統化的途徑；這便是我們所要創造的問題形式。只要能將以下所述的各項指導原則謹記在心並善加利用，那你所編寫出來的各種問題，勢必能夠符合上述問題設計的整體性目標。

　　在我們進行更深入的探討之前，有一些與問題編寫過程有關的原則，乃是必須先牢記在心的。

1.　為了要編寫一個問題，你必須讓每一種項目都有其明確的目標。這個目標必須明確到足以讓你的同事也能夠根據它來編寫問題，而且你也能夠辨認此問題是否符合你所設定的目標（他們所使用的詞句或許與你自己所用的不盡相同，但是都能達到測定出相同的需求）。舉例來說，以「我想要知道人們對他自己的工作有什麼感覺」

作為問題的目標，就顯得不夠明確。它可以被當作是整項研究的一個目標，也可以只被視為是整份問卷調查表中的一部分；由於這個目標太過抽象，而會使你無法著手編寫一個問題。如果我們將問題的目標設定為「我想要知道人們對他目前工作的薪資所得滿意度如何」時，那我們就能著手編寫此項問題了。

　　要發展出這些明確目標的最佳方式之一，就是在你寫出任何的項目之前，先擬定你的問卷調查表之大綱。首先，將你的調查計畫區分為五種或六種涵蓋範圍較廣的主題；例如人口統計學上的特性（性別、年齡等）、工作的特性、對家庭所負擔的責任、人格個性上的標準、對生活的滿意度等。然後再依據你想要探究的目標，將每一種的主題都細分為各項明確的議題；再於這些議題中，對你想要測定的特定細目進行詳細的敘述。當你完成這項大綱的草擬之後，在你整個調查計畫中的每一個細目，已經就等於是這項大綱中所有被詳細敘述的部分了。從現在起你所要考慮的，只不過是如何做正確的遣詞用字罷了。

2. 當你在編寫各項問題時，也必須遵循一些指導原則及慣例。我們將在本章的後續部分對這方面加以探討。

3. 你需要具備一般的常識。很不幸地，這種平凡的常識有時候會與教育程度有著反面的關聯性，而一項研究的主持人通常又都擁有這麼一點教育程度。你所設計出來的問題不能夠過於艱澀難懂，它必須是要讓一般人都能夠了解的。

4. 你必須要發展一種讓自己能夠「置身於問題之外」、並且能以第三者的超然立場來「傾聽」的能力。很不幸地，這項能力又會與介入於問題編寫的程度有著反面的關聯性。要成為一位優秀的批評者，要評判目前所編寫出來的各項問題是否能夠適切地符合你的需求，你真正需要做到的乃是在瀏覽這些問題時，是將自己當成初次閱讀它們的某一位第三者，而不是將自己當作是這些問題的作者（他已經對問題的意圖瞭如指掌）。唯有如此，你才能夠「聽見」人們對於這些問題設計所發出的各種不同反應，或是「看見」在遣詞用語中所存在的瑕疵。

這麼說來，當我們在構思一項問題時，究竟有那些指導原則是應該要奉行不渝的呢？

編寫簡潔的問題

我提出此項建議，並非只是為了節省紙張之故。簡潔的問題通常也會是較為有效的問題；因為它們被完全讀完的可能性最大，其中所含的修飾性或限定性辭彙也可能最少，而且對受訪者在作答時所造成的無關緊要之影響也能夠降到最低程度（Armstrong & Overton, 1971）。最重要的則是：肇因於各種替代性答案的格式或定位而產生的各種偏見，也會因而減至最低。

人們之所以會引起不必要的困擾、而且寫出過於冗長的問題，其原因罄竹難書，但其中之一則是：他們使用了

太多既佔篇幅、卻又對問題之精髓毫無助益的無關緊要之字彙或片語。另一項原因則是作者想要在問題中加入許多的限定句。而最重要的是：作者的野心太大，他們試圖由一個單獨的問題中獲得許多的答案。以下所述的例子，便是一個不夠簡潔的問題：

> 如果你將自己（以及居住在一起的家庭中之其他成員）所有儲蓄及投資——例如活儲帳戶與支票帳戶，你的人壽保險單之現金價值、股票、債券以及其他類似的有價證券；再加上將你的不動產，包括你的房子，出售之後所能獲得的價款——的價值都合併計算之後，以下所述的選項，何者最接近你的總資產？

事實上，我們可以用兩種方式將上述的問題稍加改善。首先，將所有的限定句都刪除，以使整個問題更為單純；此時，我們所能歸納出來的答案或許不盡完美，但也相當接近了。如果你真是認為所有的細節都缺一不可的話，另一種方法就是將整個問題依據它的組成要素加以細分，而讓每項要素都自成一個相當簡潔的問題。

編寫清楚易懂的問題

沒有人會故意去寫些讓人摸不著頭緒的問題；但是，有些時候因為問題的設計者對於這項主題知之甚深，而且

對他們自己的意圖也太過於心知肚明,因此當他們所編寫出來的問題已經讓受訪者摸不著頭緒時,自己卻還渾然不知。以下所述的一些方法,應該有助於讓各位編寫出清楚易懂的問題。

- 定義出關鍵詞

你可以在一個問題的本身中,將某個關鍵詞定義出來;尤其是當它會與替代性的意思有所瓜葛時,這麼做會更為有效。當你打算界定出關鍵詞時,應該要讓它出現在問題的起頭(beginning)。例如:

你覺得在自己一年之中辛苦賺來的收入所必須付給政府的金額,也就是你的所得稅,有什麼樣的看法?

- 謹防濫用專業性術語

對於在你的專業領域中習以為常、但一般大眾卻不見得都能夠完全了解的各種行話,在使用它們的時候千萬不可掉以輕心。在一項有關保健的研究中,研究員想要了解受訪者之「產前檢查」(prenatal)次數。對於所有的研究人員來說,他們都完全了解「產前檢查」這個術語的真正意思;但是我仍然力勸他們應該要對這個用語做出更明確的定義,以讓所有的受訪者(母親)不致於對我們的意思產生誤解。

- 謹防濫用語意不清的代名詞來代表某種指示物

　　當你在對某項特定的主題編寫一系列的相關問題、並且開始使用「它」與「它們」這些代名詞時，這種後遺症就會緊纏著你不放了。如果你對所有的問題都再次進行審慎的重閱，或許就會發現到其中所出現的「它」究竟所指為何，其實並不夠清楚明確。

- 避免使用雙重的否定語

　　我們通常都可以將某個問題重新改寫，以避免它原先所使用的雙重否定語之結構。有些時候，因為在問題的指示物中就已經存在著一種否定的涵義，因此很難避免使用到這種結構；舉例來說，「對於目前的安全帶使用法令是否應該被廢止，你是同意或不同意？」一般而言，這種類型的問題可以經過重寫，而讓它們變得更容易被受訪者了解。例如，「你認為是否應該要有一項強制性的安全帶使用法令，或認為這種法令不需要存在？」。

- 避免使用副詞式的問題結構

　　在編寫問題時，應該避免使用副詞式的結構；避免使用「如何」、「為何」、「何時」、「何處」或是「有多少」之類的用詞作為問題的起頭。雖然你認為自己所使用的這些用詞，在語意上已竭盡清楚易懂之所能，但是這些詞彙在本質上就存在著一種不明確的曖昧性。舉例來說：

　　　「你住在何處？」你所指的是地址、城鎮或是

建築物的類型呢？

「你何時到那所學校去的？」你所指的是那一
年、多少年以前、或是你在幾歲時進到那所學校？

對於那種你已經把所有的答案選項都提供出來的自我
管理型的格式而言，這項議題倒還不至於造成太大的困擾；
但是，如果你所採用的是屬於開放型的格式時，受訪者對
於此類問題所做出的形形色色之回答，可能會讓你大開眼
界、震驚不已。

不與現實狀況脫節

當你在編寫問題的時候，對於「現實狀況」這項議題、
以及它們對你的資料所可能造成的影響，千萬不可掉以輕
心。以下所述的四種議題，乃是你必須特別列入考慮的。

• 意圖類的問題

如果你所編寫的問題是與詢問某人的意圖有關時，那
你必須要了解：這些答案可能無法反應出受訪者未來的實
際行為。最好的處理方式，就是將受訪者的這些意圖，當
作是他們的一種心態看待。有時候，這些心態的確會反應
到行為上，但有時卻又不盡然。我們在未來所表現的行為，
有時會與先前所陳述的意圖有所差異，這是因為有許多預
料之外的事件介入或干擾所造成。當民意調查者在詢問社
會大眾心中所屬意的總統候選人時，如果他們在對受訪者

的回答進行評算之際，能夠只以那些實際上最有可能參與投票者（也就是那些具有投票權的選民，或是在初選中有實際前去投票的人們）的答案做統計，那將使他們能夠對大選的結果做出更準確的預測。

- 假設性的問題

　　一般而言，這種問題是最讓人頭痛而又毫無效果的；因為幾乎是所有的人都會回答「視情況而定」。因此，你必須確定在你所編寫的問題中，這種假設的狀況已經被包含在內。例如：

　　「如果你的一位朋友正在找工作，你是否會向自己的公司推薦他呢？」答案是：「不會。因為公司沒有空缺。」

　　事實上，編寫這個問題的較佳方法應該是：

　　「如果你的公司中有空缺，而你的一位朋友剛好……。」

　　我發現到對於那些聰慧異常及愚鈍不堪的人來說，這種假設性的問題會顯得特別困難。因為那些資質較高的人通常都會將所有的可能狀況都列入考慮，而使得他們無法做出回答；而對於那些天資較差的人而言，他們則是無法想像你所假定的某些狀況。

- 只詢問相關的問題

　　對於某個特定的受訪者團體來說，你所編寫的一系列問題可能是與他們毫無瓜葛的。舉例來說，在你的問卷中如果有某一系列的問題是與妊娠保健有關時，那你應該要讓男性的受訪者略過此部分；如果有某一系列的問題是牽扯到婚後夫妻之間的互動作用及影響時，那你就應該要讓未婚者略過這些問題。因此，你應該在一連串的問題之前就先使用某種篩選性的問題（screening question），讓受訪者決定那些人需要對此部分進行作答、那些人則可略過。此外，對於那些可跳答的受訪者來說，你的指示也必須非常清楚明確，以讓他們了解應該再由問卷中的那一部分開始繼續作答。

- 並非每個人的狀況都相同

　　並不是每個人都只有一項工作，而那些自由業者可能也沒有所謂的「固定收入」。尤其是要慎防那些腰纏萬貫、財大氣粗的人，因為他們的答案很可能是「我從來都不曾採購日用品，那是佣人們的事情」以及「房子？你指的是那一棟？」在你編寫問題的順序以及設計答案選項的格式時，必須要考慮到發生這種情況的可能性。

編寫單次元的問題

　　在一個單次元的問題（unidimensional question）中，它所針對的只有一項議題而已；你應該避免「雙管齊下的」

（double-barreled）或是「多管齊下的」（triple-barreled）的問題。換言之，就是不要將兩個或三個不同的問題，結合在單獨的一項問題中。當然，大部分的人絕不是故意要這麼做；他們之所以會身陷其中，只是為了試圖讓某個問題能夠更清楚罷了。當一個問題中使用了「與」、「或」的時候，通常也就是一種極易產生困擾的警訊。舉例來說：

你的工作搭檔在友善與協助方面的表現如何？

這個問題之所以會造成困擾，乃是由於某些工作搭檔可能是相當友善、但卻幫助不大；或者是剛好相反。另外一個不夠明確而容易讓人無從下手的例子則是：

為了有助於經濟狀況，你認為個人所得稅是否應該調降到 4%以下？

事實上，在這個問題中已經涵蓋了三種不同的問題：所得稅是否應該調降？它是否應該被調至 4%以下？這麼做是否有助於經濟狀況？解決這種困擾的方式很簡單：將這個問題依據它的組成部分分割為數個較小的問題，或是根據你真正感到興趣的主題來將此問題重新改寫。

編寫相互間具有排他性的答案選項

在草擬問題時最常見到的一種瑕疵，就是各種可供選

擇的答案之間存在著重複性。這種重疊現象的發生，有時候純粹是因為作者在編寫答案選項時漫不經心所致。有時候則是因為惰性使然——在編寫答案選項時，以整數（round number）作為每一區分點的結尾，顯然會更為輕鬆愉快；例如在年齡層的選項上，將其區分為 25-30、30-35、35-40 等。無可避免的，當受訪者的年齡剛好是在區分點時，困擾就出現了：他們會無所適從，不知道究竟該圈選那一個答案。針對婚姻狀況所做的調查，則是造成此類困擾的另一種例子；在你的選項中可能包括了「已婚、單身、鰥寡、離婚或分居」。但是「單身」的這項答案會與鰥寡、離婚、以及分居等都有著某種程度的重疊性，容易產生誤解；這時，你如果能用「不曾結婚」取代「單身」，就可以避免這種困擾。

編寫無所遺漏的答案選項

你所提供的答案選項應該要能反映出絕大部分受訪者的看法，這點乃是無庸置疑的；因此，你就必須對每個人可能提出的所有答案範圍深思熟慮。有兩種我們所常見的情況，都會造成不必要的困擾。第一種是出現在我們所使用的等級排列上；由於各個區分點之間的距離呈現不平均的狀態，因此在「心理上」（針對主觀式的等級排列）或「客觀上」（針對行為式的等級排列），都會造成某種答案選項的「遺漏」。最常見的一種情況就是起頭與結尾的兩種選項並不是相當地平衡；舉例來說：

幾乎每次　　經常　　偶爾　　很少

在上述的等級排列中，「很少」這個選項與「幾乎每次」的選項並未呈現平衡狀態；應該要再加入「從來沒有」的這項選擇，才顯得更為完整。

第二種情況所牽扯到的，則是你將那些「原因」當作是問題的答案選項，而忽略了在你選定的樣本中大部分受訪者所最偏好的答案。我稍後將在本章中對此點進行討論，並提供諸位某些非常直接了當的方式，辨識出這些癥結的所在。

不要編寫具有引導性的問題

一個具有引導性的問題，通常也就是一個帶有偏見或不夠中立的問題。對受訪者來說，以此種方式所編寫的問題，就有如「強迫」他們依循某種思維導向回答。很不幸地，出現這種瑕疵的例子可說是屢見不鮮。在很多的情況中，「研究人員」在其觀念上就已經存在著某種目的，而並非是為了要發掘真相。舉例來說：

你認為政府是否應該囿顧聖經——這是上帝的法律——中的教義與道德倫理，而讓墮胎這種謀殺式的行為成為合法化？

一般來說，這種具有引導性的問題，會以一種更為巧

妙、更讓人無法捉摸的方式表現出來。我們先前已經討論過，當編寫出不平衡式的等級之後，它會如何讓受訪者的答案傾向於某一種特定方向。此外，因為使用了一些能夠激發出強烈正面反應或負面效應的特定用詞或語法（例如：美國的慣例或制度，廣播中的有獎徵答節目），也會出現這種具有引導性的狀況。如果在問題中訴諸於某些具有權威性的表徵時（例如：上帝、最高法院、國家元首等），也能夠讓受訪者的回答出現偏見。甚至於在問題中舉出目前的現狀時，也會左右受訪者的回覆。舉例來說：

> 到目前為止，賭博在本州中還是屬於違法的。
> 對於讓賭博合法化，你有什麼看法？

最後，另一種能夠讓答案產生偏見的語法，便是將社會大眾的壓力運用在一個問題中。例如：

> 在上一次的選舉中，大部分的人都排斥 X 的提議案。你目前對於這項提議案的看法如何？
> 或，
> 大部分的人都認為抽大麻對身體有害。你對此事的看法如何？

對於以上所述的這些狀況，要想將這種具有引導性或帶有偏見的色彩去除，其實是易如反掌的：只要你是以一種不偏不倚的立場編寫問題就行了。你的責任只是將這項

議題的正反兩面、或是完整的答案選項，以公平的表現方式提供給受訪者。你只要在編寫問題的時候，不加入以上所述的各種策略伎倆，其實就已經離這項目標不遠了。有時候，你必須要做到的乃是將這項議題的正反兩面都公諸於世。舉例來說：

> 有些人支持賭博的合法化，但另一些人則希望賭博的行為是違法的；就此事而言，你個人的看法如何？（以一個置身事外的讀者立場來看，當我第一次在編寫這個例子時，我所寫的是「……，但另一些人則希望賭博的行為依舊是違法的；……」。由此可見，稍一不慎就會說溜了嘴、而編寫出一個語意具有引導性的問題；就像我自己在第一次的措辭中將現狀納入問題中一樣）。

在結束這項討論之前，我還想要和各位再談談有關於運用社會壓力的各種措辭及語法。有些人辯稱，在某種情況下運用這種社會壓力編寫語意曖昧的問題，反而可以讓我們所獲得的資料更具有效性。人們可能會因為受到社會上的刻板印象之影響，而不願意承認他們實際上所擁有的許多行為或心態；將這種具有引導性的結構運用於你的問題中，你便能試著抵銷這種力量，並讓受訪者能夠更無拘無束地坦誠回答問題。舉例來說：

> 對大部分的人來說，當他們在飲酒過量之後，

都會出現酩酊跟蹌的感覺。在上個月的時候，你發
生過幾次這種類似的狀況？

　　不可諱言的，當你在運用這種方法的時候，除了必須
特別小心翼翼之外，並且還應該以先前的調查結果為基礎；
而這項先前的調查結果必須顯示出已經有某種正在運作中
的社會標準，能夠抑制受訪者做出誠實的回答。在後續的
各章中，我們也可以見到許多與利用問卷調查表之結構有
關的其他方法，使人們能夠更不受約束地回答問題；而上
述的這些策略，到時也將被列入考慮。

如何製作各種問題

　　縱然是有了上述的這些指導原則，但要製作出一系列
的問題仍是一件漫長而艱苦的工作；在問題的製作過程中，
可以引用許多不同的方法，而它們也都可以發揮不錯的效
果。當我們在討論到發展各種問題的時候，我們會假定各
位對於需要被探究的議題已經具備了相當清楚的概念。然
而，我們要如何獲得這種相當清楚的概念呢？
　　如果能對前人在此領域中所做的研究有所了解，對於
製作出一份新的問卷調查表來說，將是一種有如推波助瀾
般的推動力。對先前的各項相關研究加以審視，不但能夠
幫助你發展出一種雛型，讓自己對於所要進行的研究領域

有所了解；而且也能夠幫助你確認還有那些範圍是尚未被
探究的，或是先前的報告中有那些範圍的研究結果仍讓人
混淆不清。當你能夠掌握到上述的這些重點之後，將有助
於讓你確定在自己的研究計畫中，最值得探索及調查的範
圍究竟何在。

　　除了審視先前的相關研究之外，與研究有關的各種心
血結晶也能夠幫助你對於整個領域做出詳細的規劃。這些
與研究有關的各種心血結晶，可能是在和一群為數甚少的
人們經過類似於個別式的面談之後所組成的；而這些人或
許可作為社會各階層的代表，也可能是你想要研究的議題
中許多學有專精的觀察家的代表。舉例來說，當你想要更
了解在經過外科手術之後、有什麼方式可以讓患者的復原
速度更快時，你或許就可以和醫師或護士討論他（她）們
的看法。

　　除了上述的這些技巧之外，在幫助你了解與研究主題
有關的各項重要議題方面，焦點團體（focus group）的使用
也是一種能夠發揮宏大效果的方式。一個焦點團體就如同
是在少數的一小群人中（可能是六至十二人）所進行的小
組面談或討論。這項觀念的精髓乃是讓該群體中的所有成
員，就他們個人的看法或經驗來針對某項特定議題進行討
論。當群體中的任何人聽到其他成員所提出的報告內容時，
便會讓這個群體中存在著某種具有連鎖效應的原動力；有
時候它會出現針鋒相對的爭論，而有時則會產生全體一致
的認同。其效果如何，完全是決定於該群體的領導者是否
能夠讓整個群體遵循一種具有生產性的過程；它包括了讓

　郵寄問卷調查

每個成員都有發表意見的機會，讓同意或不同意的人都能夠清楚地了解整個用意何在，以及引導整個群體對各種不同的範圍進行更廣泛的討論。你可以對這些會議的內容進行錄音，然後再藉由反覆聆聽錄音帶，將各項議題摘錄出來；或者你也可以找一位同事共同參與會議，並請他把各種的不同議題記錄下來。焦點團體的使用，只不過是讓你對各種議題加以確認而已；它無法真正地告訴你究竟有多少人是支持某種意見，又有多少人是傾向於另外的看法——而這正是你的調查所要完成的。

預先調查

　　沒有任何研究人員能夠藉由初次草擬的問卷，就產生出一項零缺點的調查結果。要讓你所編寫的各項問題及整份的問卷調查表達到最後定稿的境界，這中間需要經過無數次的修正；當你對某項問題每進行一次修正，它的瑕疵就會變得更少。雖然如此，要讓自己所做的各種修正能夠有效而確實，你還是必須獲得各種的資訊，並由它來告訴你究竟有那些部分未臻完善。

　　首先，你可以對自己所編寫的各項問題進行一項近乎吹毛求疵的重新審閱。此時，切記我先前所提到的重點：將自己視為一位局外人，用超然的觀點「傾聽」你所編寫的問題。此點乃是這項技能的經義之所在。當你在對自己所編寫的問題進行嚴格地評判時，也千萬別忘了你的分析目標是什麼；你真正想要得到的究竟是那一種的資料？

其次，你也可以由自己的同事身上獲得許多的建議。在你的同僚中，有些人或許會比其他的人更熱心，願意告訴你有那些部分出現錯誤、那些地方可以再做修正；此時，你應該拋開自我防衛的心態，虛心地傾聽他們所提出來的各種意見、以及所發現的各項瑕疵。不要急著辯解：「哦，你誤會我的意思了，我只要想要獲得……」。如果連你的同事都會產生誤解，難保受訪者不會出現同樣的情況。

第三，你也可以利用一些對這項主題感到興趣、並且願意填寫此份問卷調查表的學生或親朋好友，進行一項預先調查，試著蒐集一些非正式的資料。在你設定的時間內將這些問卷回收，對他們的各項反應進行評估，找出那些部分最容易讓人混淆不清、以及有那些事項是你所忽略的。

第四，你現在可說是已經做好了提出你第一份正式問卷調查表的所有準備。此時，有些作者會建議你應該先以一種小規模的方式對你的整個程序做一次預先的測試；這包括你所發出的說明信，以及你的資料蒐集狀態（Sletto, 1940）——也就是進行一次「試驗性測試」（pilot test）。當你對整個程序進行測試後或許會發現沒有出現什麼差錯，但是除了只是知道你所發出的問卷調查表多快可以回收以及當它們被送回後究竟是何等模樣之外，你還必須了解更多的資訊才行。最重要的一項議題就是：你所要的應該是受訪者對於各種問題的反應及看法。

雖然在你所採取的實際行動中，它是屬於一種郵寄問卷調查；但是你也可以依據自己所選定的樣本群體特性，召集大約十位各具代表性的個人共聚一室；而且這些人最

好是完全不認識你。你可以透過自己的同事或透過當地大專院校所開設的在職進修教育課程、或是由你或助理人員直接打電話，召募這些人。你也可以略施小惠、付給參加者一些車馬費（大約十元至二十五美元），當然這種做法要看這些受邀者是否願意前來而定；但你至少可以提供他們一些飲料和西點吧（如果你所進行的是一項與保健有關的調查，最好還是捨西點而採水果）！

　　一般而言，有許多人還是相當古道熱腸的。在一開始的時候就告訴他們，你想要對填寫完這份問卷調查表所需的時間能有更準確的估計，而且你需要他們將各種不夠明確的指示、具有引導性的用詞、會讓人混淆的問題、太過艱深而無法作答的問題、以及他們不想要回答的問題等，都盡量反應出來。讓每個人都完成這份問卷（別忘了提醒他們要將開始及結束的時間寫下來），然後再進行一項討論會。首先要了解受訪者對於這份問卷的整體性看法：他們在回答時是否興致勃勃，整份問卷是否過於冗長，他們是否對編排的方式感到滿意，問卷的內容是否淺顯易懂？然後再針對這份問卷的每一個特定部分進行討論；這時候你應該逐頁進行，並了解他們對於任何的議題是否有其他的意見或看法。有時候，這些參加預調的受訪者會不太願意做出太多批評；畢竟你才是這方面的專家，他們對於研究又了解些什麼？要解決這項困擾，就全看你怎麼讓他們感覺輕鬆自在，並且鼓勵他們幫助你找出存在於調查表中的盲點或瑕疵了。最重要的是：讓他們感覺到自己也參與這項計畫，也是整個過程中的一份子。你或許可以問他們

關於「其他」的這個答案選項，是否會讓他們在了解整個問題時造成困擾；你也可以問他們在每一個段落中，是否還有一些他們認為必須了解的議題是你所遺漏的；藉由這些誘導的方式，他們可能會願意多表示一些意見。這種做法的過程和前述的焦點團體有些雷同，但它只是以某種特定的刺激為誘因。在採用這種做法時你必須選擇足夠的群體來進行，並且至少要達到二十五次（亦即二十五份）以上的預調才行；當然，預調的次數越多，對你的幫助也就越大。

除了獲得這些參加預調的受訪者的反應之外，你也應該更明確地問他們：當他們在勾選某項特定答案時所持的理由是什麼，或者是他們對於某項具有爭議性的術語所賦予的定義是什麼。在最近的一項與工作要素及健康有關的研究中，我們使用了「勞動團體」這個術語。我們想了解受訪者對於勞動團體的看法是否與我們的定義相符，結果我們發現受訪者對此有著不同的定義；因此我們就對該問題中的用詞加上了我們所做的定義。在這個過程中，不但能讓受訪者對於關鍵性術語的認知提出深具價值的反饋，而且也能對受訪者在陳述問題時所採用的模式有所了解。當你在決定是否要修正某些項目，以及應該如何修正才能夠讓它們最切合你的研究目標時，所有的這些資訊都可發揮無比的助益。

除了來自於受訪者的反饋之外，你也應該將他們的答案整理成一覽表，以了解其中的分配狀況。此外，還要注意到底有多少人拒絕回答某些問題，或是以空白方式將問

題略過。對於所有受訪者的答案都相同、或者是幾乎完全相同的那些項目，你也應該對它心存懷疑；就任何種類的比較分析（comparative analysis）而言，此類的項目可說是幫助不大。你也應該捫心自問：你是否期盼受訪者在這個項目中會有不同的回答。答案如果是肯定的，那你為何無法得到這種差異性呢？是否因為這個項目具有引導性？是否由於答案選項的等級排列不夠平均？那麼你或許應該在佔有優勢比例的答案選項上，提供更多的等級選擇。如果你並不期待答案會出現差異性，那你應該試問自己：這個項目是否真的有必要存在。

當你考慮依據群體的反饋來加入額外的項目時，你的問卷調查表必然會顯得過於冗長。一位優秀的研究人員，總是會想到要問些讓人感到興趣的額外問題。但有一項原則是不可輕忽的：你必須固守自己的分析目標，而不要試圖在一件研究中完成每件目標。把那些和主題沒有直接牽連的問題刪除，並對第二優先順位的範圍進行過濾，然後再視情況加入一些額外的意見；修正你的用詞、問題的排列順序以及所使用的格式，這都有助於讓你設計出一份更適切的問卷調查表。

然後，再進行第二次的預先調查！你可能會覺得自己沒有多餘的時間或資源，或許你會覺得自己所做得修正已經盡善盡美了，因此你可能會想要省略這項第二次的預調。千萬別這麼做！進行第二次預調所花的時間及心力，絕對會讓你有意外的收穫；藉由這項再次的預調，將會讓你的研究產生令人刮目相看的成果。你必須告訴自己：讓你實

際的研究變成只是一項大規模的第二次預調，絕對是勞民傷財而又不值得的做法。如果你執意捨棄第二次預調而直接進行實際的調查，當最後的結果令你感到大失所望時，再後悔也於事無補了。

我在此雖然只強調要做兩次的預調，但並非意味各位不能進行次數更多的預調。有時候你會進行數次的預調；而這乃是決定於你在發展工作上所投注的心力，也可能是依據資料的複雜性及寬廣程度來決定。就我記憶所及，從來沒有一位研究人員提到他花費在預調上的時間是一種浪費；我只記得有許多的研究人員都曾感嘆地說過：「我真希望自己當初能夠多進行幾次的預調！」

郵寄問卷調查

3

問題設計：進階篇

在前一章中，我們已對問題設計的各項基本原則略做瀏覽；在本章中我們則要對少數的幾項議題再做更深入的探討。將這些事項列入考慮，將能讓你所設計的問題由「良好的」程度進階到「出色的」境界。

未作答的問項

當你在回收問卷之後，發現受訪者並未回答、或拒絕回答某些問題，或者是他們的答案是在你所提供的選項範圍之外時，那實在是一件讓人很氣餒的事情。當這種情況發生後，你想再獲得這些資訊的機會可說是微乎其微；此時，除了接受你所獲得的資料不夠完整的這項事實之外，

似乎也沒有其他更好的辦法了。如果你運氣不錯的話，在任何一個問題中未提供有效答案的比例可能會非常小；假如有許多人對某個問題都未作答時，那你就只能期盼這些人的看法不會與一般受訪者的答案有著太大的出入了。

但這些都不是解決問題的辦法，要避免這項困擾的根本之計，就在於問題設計的階段。在你的問卷中，有許多的項目可能本身就存在讓人無法做出回應的潛在瑕疵；因此，斧底抽薪之計應該是在你發出這項調查表之前，就將這些瑕疵修正完畢。

你可曾想過人們為何會不回答某些項目？（Adams, 1956; Craig & McCann, 1978）有時候是因為這些項目與受訪者個人毫無瓜葛。有關於學校品質或孩子們休閒機會的這種問題，極可能會被那些沒有孩子的受訪者所略過。解決這種情況的方法，便是利用某種附帶有省略指示的偶發的問題（contingency question）來過濾。我們將在以下的內容中對其做深入的探討。

有時候受訪者之所以會略過某個項目，乃是因為這些項目本身就讓人混淆不清、或是受訪者對其內容不知所云。利用預調的方式，就可將這種瑕疵挑出來；而在修正時，可改用較為簡單明瞭的陳述、提供某種明確的定義、或是將一個問題區分為數個子問題。

此外，我也發現到當你提供給受訪者的答案選項太少、而讓他們覺得自己的情況並未被涵蓋在內時，他們就可能會以空白的方式跳過這些問題，或者是提出他們自己的答案。尤其是在與表態有關的項目中（例如與墮胎、死刑、

或是對日本實施貿易障礙措施等有關的項目），對受訪者來說因為會牽扯到許多情緒上的複雜性，因此發生這種狀況的機率也就特別高。對於此類的問題，在使用同意—不同意這種答案格式時，你應該提供至少四種或六種的答案選項，取代僅有兩種選擇的機會；這樣才可以讓那些並非如此激進的受訪者，表達他們本身的傾向。

至於那些較為實際的項目，當受訪者並未回答時，可能意味著他們對此問題是「一無所知」。在你所進行的預調中，如果這種情況經常出現，那你就應該要考慮將「不知道」的這個選項加入於你的答案範圍中。

篩選性的問題與省略的指示

在兩種情況之下，你應該要讓受訪者在一連串的問題中省略掉某些項目。首先，當這些問題是為了要蒐集更多的詳細資料、但卻又不適用於某些特定的受訪者時。舉例來說，如果你想知道人們在過去幾個月的求職過程中、總共去過幾家公司及經過幾次面試之後才找到合適的工作時，對於那些在過去幾個月之內並未尋找工作的受訪者而言，他們當然不會做出任何回答。其次，當這些問題具有某種人口統計學上的特性，而會與某些受訪者毫無瓜葛時。舉例來說，對於一位從來不曾懷孕的女性而言，她當然不會回答有關於婦女懷孕經驗的問題；而對於那些不曾進入

大學的受訪者來說，你又如何能期盼他們對大學生涯的問題做出回答呢。

　　基本而言，要避免發生這種未獲作答的情況其實相當容易：你只要提供明確的省略指示，讓某些人跳過一連串與他們無關的項目之後，再繼續回答其他的相關問題就成了。但在實務上，卻似乎又比我們想像中要困難一些。你必須要讓這些指示簡單明瞭、清楚易辨；不要假設受訪者會花腦筋弄清楚問卷的真正意思。不論是應該繼續對此部分作答、或略過此部分的受訪者，都必須讓雙方對這些指示清楚明瞭。在提出來的指示中，可以用一些視覺上的輔助方式來加強效果；例如箭頭符號、框狀顯示、或是粗體字型等。對於那些可略過某些項目的受訪者而言，讓他們繼續作答的問題最好還是出現在同一頁之中；如果非得顯示在另一頁時，那應該盡量讓下一個問題出現在該頁的起頭部分。在圖 3.1 中所示的例子，乃是摘自於一份問卷調查表中的某一頁，而且其指示可說是相當清晰明瞭。

問題 12　當你在 18 歲的時候，你的體重大約是多少？　＿＿＿磅

問題 13　你目前是否正在嘗試減肥？

　　　　1.□ 是　　2.□ 否————▶ 請跳答問題 16。

問題 14　你是否以減少攝取卡路里來達到減肥的目的？

　　　　　　1.□ 是　2.□ 否

問題 15　你是否以增加運動量來達到減肥的目的？

　　　　　　1.□ 是　2.□ 否

問題 16　你認為自己目前是……（請勾選一項答案）。

　　　　1.□ 過度的超重。

　　　　2.□ 中度的超重。

　　　　3.□ 有一點超重。

　　　　4.□ 標準體重。

　　　　5.□ 體重過輕。

問題 17　平均來說，你每天大約喝多少杯咖啡？

　　　　0.□ 不喝咖啡——▶ 請跳答問題 19。

　　　　　　＿＿ 杯。

問題 18　你平常所喝的是屬於低咖啡因、或是一般的咖啡？（請勾選一項答案）

　　　　1.□ 低咖啡因的。

　　　　2.□ 一般的。

　　　　3.□ 兩者各半。

問題 19　平均來說，你每天大約喝多少杯的茶——不論是熱茶或冷茶？

　　　　0.□ 不喝茶。

　　　＿＿杯。

圖 3.1　清晰明瞭之指示的例子

重複性的問題與可靠性

可靠性（reliability）乃是某個問題本身所具有的一種特性，它可以讓該問題在類似的背景環境下，提供幾乎相同的答案。當考慮存在於測定方法中的誤差（error）時，最關切的乃是如何讓所編寫的問題出現前後不一致的隨機誤差（random error）最小化——不論這種不一致是出現於時間上的變遷，或是出現於類似觀念中所使用的不同測定方法。

在測定某一種特定的觀念時，如果想要讓測量結果的可靠性提高，其方法之一就是在你的調查中讓測定這項概念的問題超過一個以上；然後再將受訪者對於這些重複性問題的所有回答做一平均。這麼作為何能夠降低測定上所出現的隨機誤差呢？因為隨機誤差的產生正如其名——是隨機性的。在我們始料未及的情況下，由受訪者所勾選的答案可能並不是他所想要表達的「真正」答案；這項答案或許比他們的本意要稍微偏高、也可能是略為偏低，但這種情況都是隨機出現的。有些人也可能會不小心勾錯了答案，或者是對於答案選項的排列感到困惑。

藉著利用重複性的問題詢問相同的觀念，便能克服這種隨機誤差所帶來的困擾。舉例來說，在兩個不同項目中同時出現相同之隨機誤差的機率，可說是微乎其微。因此，和只是採用一個項目測定答案、並且承受其潛在之隨機誤差的方法相較之下，藉由將兩個項目中的所有答案做一平

均，顯然可以獲得更接近事實的結果。當然，在這兩個項目中也都可能會出現誤差，但由於它們各自所涵蓋的誤差都是來自於一種隨機性的起源，因此很可能會使這項誤差相互抵銷。對於那些用來測定相同觀念的替代性問題，當我們增加它們的數目時，這種隨機誤差被相互抵銷的過程也會更容易發揮效果。

我在此處所說的重複性項目，並不是指基本上沒有任何不同、而只是在口氣的強弱或使用辭彙上呈現出些微差異的好幾種項目；我所指的乃是那些具有相同的基本概念、但卻是由不同角度或不同組成要素所構成的一小群項目。舉例來說，如果我要測定一位受訪者對於他（她）目前工作的財務性報酬的滿意度時，我便會將下列各種要素包括在問題的項目中：他（她）的薪資水準、對薪資淨值的觀念、調整生活費用的頻率、薪資以外的各項福利，以及對於新資調整的期待。藉著將上述的各項答案綜合後求得一個平均值，我便可以更可靠地測定受訪者對於財務性報酬的滿意度。

改善敏感性問題的資料品質

就各種敏感性的問題項目而言，它之所以容易出現品質較差的資料，不外乎兩種原因：人們可能已經忘記了那些讓人不快的想法，以及人們傾向於將自己描述得道貌岸

然。關於如何解決「遺忘」這個問題，我們將在本章中稍後再做討論；此處我們先來談談讓自己能夠被社會所接納的這種心態。無庸置疑地，每個人都希望自己看起來是光明磊落的；他們不會想要承認自己的各種缺點，例如：酒後駕車，購買黃色書刊、在正常的婚姻關係之外還偶爾逢場作戲、沒有參加大選的投票、沒有按指示每兩年檢查一次牙齒等等。因此，你所要面臨的挑戰就是如何編寫出一個能夠讓受訪者解除這種心防、並且願意做出最接近事實之回答的問題——即使這項事實可能是不被社會所廣泛認同的。

第一，先決定在你的研究目標中，是否真的需要此類資料；若真有此需要，則應該只詢問那些不可或缺的敏感問題就夠了。在做這方面的相關考慮時，最重要的是確定你對這項議題所需要的資料，究竟要詳細到何種程度。當你詢問人們在過去幾個月中、他們對古柯鹼及大麻的使用頻率如何時，這和你問他們是否「曾經」嘗試過這些東西，可說是迥然不同的兩碼事。如果你不需要這些額外的資料時，就不要問得這麼詳細。

第二，當你在編製答案的選項範圍時，也應該想到你所需要的最低詳細程度如何。在你提出一個敏感性的問題時，它同時也是一個讓人難以回答的問題；因此你將面臨到的受訪者拒絕回答之風險也就越大。舉例來說，如果你想要詢問有關於家庭收入的問題時，你是否真的必須獲得一個正確的數字？別忘了，甚至在許多官方性或權威性的問卷調查表中，也都無法獲得精確的數字。縱然你所使用

的是一種範圍式的答案選項，也應該試問自己：如果我所設定的範圍較寬廣（例如：以兩萬至四萬美元取代兩萬至兩萬五千美元），是否就真的能夠獲得所想要的資料？依據經驗顯示，對於那些較敏感而又現實的項目來說，你所設定的答案選項越少（也就是它的範圍越寬廣），則受訪者拒絕回答的機會也就越低。

第三，詢問此類敏感性的問題時，應該是只針對那些有直接關係的人們。在我們針對後天性免疫不全症候群（AIDS）所做的某些研究中，我們想要了解究竟有多少人曾經進行過未做任何保護措施的肛交性行為。當我們進一步思考這項問題的特性、以及為什麼必須做此詢問的時候，整個狀況就變得更清楚明朗了：它之所以會成為「具有危險性」的因素，事實上只限於那些本來就存在其他危險因素的特定個人（例如毒品的使用者、性行為對象複雜的人）；對於那些固守傳統婚姻關係而不曾濫交的人們來說，事實上這種行為並不見得是一項具有危險性的因素。因此，我們決定只針對那些相關的人們提出此項問題，以發掘他們的答案。

第四，如果一項問題的目的顯得有些霸道專橫時，這也會造成一些困擾。在各種高敏感性的問題中，最容易受到排斥的就是詢問人們的收入了。理論上來說，受訪者會覺得他的收入多少根本就不關我們的事；由於大部分的人都不是研究者，所以他們無法了解研究人員為何想要對置身於不同狀況中的群體進行比較。因此，在一段與人口統計學有關的問題（demographic questions）中，藉由提供一

項說明讓受訪者了解你為何需要此類資訊，有時候是會對你有些幫助的。

第五，在你提出各項問題時，如果所使用的前後關係能夠適得其所，也會對你有所助益。就拿我們先前所提到的與所得收入有關的問題為例，大部分的研究人員都會在詢問過各種與人口統計學有關的問題之後，再於問卷調查表的最後階段才提出收入多少的這項問題。在一項調查中如果能採用這種方式，那我們在整份問卷的進行過程中就可以有機會先提出一系列與財務狀況有關、以及受訪者的經濟情況是否獲得改善或變得更糟之類的完整問題；我們也可以請受訪者先回答對於自己所得收入的滿意度究竟如何。這麼一來，在對照這些前置性的各項問題之後，受訪者將能夠更容易了解我們為何必須知道他們目前的收入。當我們在調查中採用這種前後關係做各項問題的排列後，受訪者拒絕回答收入問題的比例也就大為降低。

第六，讓受訪者覺得自己的答案並不是真的那麼「怪異」，也有助於降低回答時的失真性。要達到這項目的，有許多種不同的方法可以利用。如果你所詢問的是有關於某種行為的次數或頻率時，就可以在答案的等級排列中，加入一個代表著「相當頻繁」之涵義的選項。這麼一來，那些只是「經常」這麼做的受訪者，就不會覺得自己的答案是那麼顯眼了。此外，你也可以在一項導論中，暗示出有許多人都存在著這種行為；也就是說，在你的關鍵問題出現之前，可以先利用一些相關的問題讓受訪者了解到還有其他許多人也都有這種行為，為你的主題埋下伏筆。我

們就曾經使用這種策略調查十幾歲的孩子喝酒的頻率有多高。首先,我們問這些孩子他們的朋友中在上個月內至少喝過一次酒的人數比率有多少;許多孩子都會回答說他們的朋友中「大部分」或「大約一半」都曾這麼做。然後我們再接著問到他們自己在上個月內曾經喝過多少次酒。當他們現在要回答這項問題時,會因為先前已經告訴過我們:他們的朋友中有「很多人」也都喝過酒,所以在心理上就會覺得比較自在,而願意對自己的這項行為做出回答。

問題之排列順序所產生的影響

問題排列順序所產生的影響,乃是指針對某項特定問題所做出的答案,可能會因為該問題在調查表中的排列順序不同而有所差異。換句話說,我們對於某項問題會做出何種的回答,乃是決定於在它先前所出現的其他問題。對於以面談為基礎(interviewer-based)的各種方法來說,研究結果已經證明排列順序會對答案造成影響(Bishop, Oldendick & Tuchfarber, 1984; Schuman, Kalton & Ludwig, 1983; Schuman & Presser, 1981; Schuman & Scott, 1987)。雖然如此,其他的研究結果則顯示出這種影響對於使用郵寄問卷調查的方式而言,還不致於太過明顯(Ayidiya & McClendon, 1990; Bishop et al., 1984)。兩種方式之所以會出現這種差異,其原因在於郵寄問卷調查中的受訪者可以

在回答問題之前先將整份問卷略做瀏覽，或是在回答的過程中隨時都可以更改先前所勾選的答案；因此，這些回答就不見得只是依循某一種單向的問題排列順序所做出的答覆。相反的，在那種以面談為基礎的問題中，你所能獲得的通常都只是一種單向的排列順序，因此你幾乎沒有任何機會可以回頭、並更改你的答案。

答案選項排列順序所產生的影響

　　答案排列順序所產生的影響，乃是由於各種具有替代性的答案選項在排列時的不同先後順序所造成的。這種肇因於排列順序的影響，通常可被分為兩種類型：嶄新性影響（recency effects），這是指受訪者會傾向於選擇你所提供的最後一種答案選項；以及優先性影響（primacy effects），它是指受訪者會傾向於選擇你所提供的第一種答案選項。對於面談者管理式的調查（interviewer-administered survey）來說，產生這種嶄新性影響的機會相當高（Schuman & Presser, 1981）。但是根據 Ayidiya 與 McClendon（1990）以及 Bishop 等人（1984）所做的研究顯示，對於自我管理式的調查（self-administered survey）而言，出現這種嶄新性影響的比例就低得多了。其原因又與上述的假設相同：受訪者可以對所提供的答案選項反覆閱讀；因此，各種的答案選項是以何種順序被排列，其影響也就不是那麼明顯了。

答案選項結構所產生的成見

　　一種由答案選項結構所產生的成見，可以成為一項運作不息的因素，導致某種特定型態的答案或許會無法反應出實際的狀況。有許多種由答案選項結構所產生的成見，是各位在問題的設計過程中所必須小心提防的。

熟識性的成見

　　這是一種回答「是」或表現出「同意」的傾向。要處理這種困擾的最簡單方法，就是當你在編寫各種的問題時，讓其中的一部分是以「反面的觀點」做陳述。這麼做之後，對於那些想要讓其看法不致於前後矛盾的受訪者來說，他們在對某些問題回答「是」的同時，也必須對其他的一些問題給予「否」的答案。迫使受訪者不會千篇一律的只回答「是」，將會讓你對他們的答案更具信心。此外，我也相信在你的問卷中如果有更多的答案選項、而不是僅有「是－否」或「同意－不同意」的兩種選擇時，將會迫使受訪者多花一些時間思考、並選出最能夠代表他們本身之立場或態度的答案，而不是從頭到尾都一成不變地只做出「是」的回答。

表單中起頭或結尾的成見

　　這是指在一份冗長的表單中，挑選其起頭或結尾之項目的一種傾向。對一份冗長的表單來說，事實上有許多人根本就沒有把它全部看完；假如他們真能耐心地將它看完，大部分也都只記得最後被列出來的那個項目而已。如果你真的認為所有的這些選項都缺一不可，那你就應該採用兩種方式處理：將它們區分為一群內容較簡短的答案選項子群體，或者是將它們改寫成一系列「是－否」類的問題。在這種情況下，受訪者勢必會對每一個項目都稍加思考。

中間傾向的成見

　　這是一種以中庸方式、平均觀點做回答的傾向；要克服這種傾向，有兩種方式可以使用。第一種就是增加你的答案選項範圍，讓接近中間點的選項也就是你所最感到興趣的項目；另一種方法則是將中間的選項刪除。當你採用後述的方法時，別忘了要保留接近於中間點的其他選項，這樣才能讓那些不具有極端看法的受訪者輕易地勾選出他們所偏袒的方向。

　　當問題的本身不夠清楚明瞭時，上述這些由於答案選項結構所產生的成見，也就會更為明顯。如果受訪者對於你所編寫的問題感到不知所云時，那他們所做出的回答就更容易被上述各種成見的其中一種所影響了。

回憶的成見

這是一種遺忘或誤記某些特定資訊的傾向；如何克服這種回憶的成見，則是高品質調查方法的之重點。在 Biemer 等人（1991）的著作中，便有一章是對於這些議題進行詳細的敘述。

回憶的成見之所以會產生，乃是因為我們的記憶無法將曾經發生在自己身上的所有事情，都完整無缺的記錄下來。我們的記憶在「儲存」以往的經驗時，並不是以文字的型態將其正確無誤的記錄下來；因此，在我們的「回憶」中也必然會出現曲解或錯誤的情況。

在影響我們記憶的諸多因素中，最淺顯易見的一種便是回憶期間（recall period）的長短；也就是說，當某些事情的發生時間是在越久以前，則我們對它不復記憶或產生曲解的機率也就越高。尤其是我們可能會出現「回憶衰退」（recall decay）的現象，亦即對某件事完全沒有任何的印象。我們也可能會經歷「崁疊誤差」（telescoping error）的情況，這是對某項事件的確實發生時間產生誤記，而將其認為是在較早或較晚的期間內所發生的一種錯誤記憶。

對於上述的這種狀況來說，最直接有效的解決辦法就是：將你所編寫的各項問題，都侷限在較短的回憶期間之內；避免使用「曾經」這個字眼，改用「去年」、「上個月」、「上星期」或者是「昨天」。使用這種較短的回憶期間，其唯一的缺點就是由於設定的期間較短，所以你由受訪者身上所能獲得的行為次數也會較少（但它也會是一

項精確度更高的數據）。如果在你的研究中需要獲得有關於這些行為的進一步資訊，你勢必會想要盡量地對數量更多的行為進行調查；這時，你自然會傾向於使用一個較長的期間，以獲得更多的「數據」。當你在選擇應用於問題中的回憶期間之長短時，應該要盡量在記憶所及的有效範圍、以及可取得的資訊數量之間，取得一個平衡點。

　　某項議題對於一個人的重要性如何，也會影響到記憶的狀況。如果是一件無關痛癢的事情，那當然很容易就會被遺忘；但是對於那些意義深遠或重大的事件而言，例如外科手術、結婚、親人的去世、以及工作的更換等，就比較不容易被人們忘卻。當我們在構建此類的問題時，我要再次提醒諸位：審慎地對所選擇的期間加以考慮，自然能避免資料的錯誤或不足。如果你所詢問的是一些重大的事件，當然可以選用較長的回憶期間；假如只是些芝麻綠豆般的問題（例如：你每天喝幾杯咖啡），最好還是讓這個回憶期間越短越好。

　　對於某種行為的規律性，則是會影響人們記憶的另一項因素。如果某人「習慣」在晚餐前會先來杯馬丁尼、並在晚餐中再佐以一杯酒，而且這也是他們每天唯一的飲酒機會時，當你要這些人回憶他們在一天中、或是一星期、一個月、甚至是一年內喝多少次酒時，對他們而言可說是輕而易舉的一件事。至於那些不具有規律性的各種事件，在回憶時自然會比較困難；因此當你要提出此類問題時，在遣詞用字上就必須多加琢磨了。

　　除了將回憶期間縮短之外，還有其他的一些策略也有

助於人們的回憶。舉例來說，提供受訪者一份有關於醫療狀況的清單、然後再詢問他們是否曾經罹患過其中的任何疾病，這種策略和只是空泛地詢問受訪者曾經罹患過何種疾病、並請他們將這些疾病列出的問法相較之下，前者顯然是較為高明、而且能獲得正確資料的有效方法。

在一段回憶期間中，利用某個具有特殊意義或較為醒目的日期——例如每年的元旦、受訪者的生日、或是孩子們的開學日（這只能適用於有小孩的父母）——作為界標，也有助於讓人們更精確地回憶起相關的資訊。原因很簡單：因為他們在自己的記憶中已經獲得某個明確的分界點，這有助於讓他們將儲存於腦海中的所有資訊做一整合。

另一種有所助益的策略則是：營造出這些事件發生時的氣氛或情況，以幫助受訪者回憶。為了要對這項做法獲得更清楚的概念，你不妨以自己為例，想想看當你要回憶童年時期的往事時，如果讓你重新回到兒時的故居後再做回憶，和你只是憑空試著回想童年時期的點點滴滴，這兩種做法在效果的差異上會有如何的不同，那你就能夠體會到我在此所說的重點了。假如你想要受訪者回答有關於他們童年時期的各種往事時，你就可以利用這項技巧；例如在問題中寫到「不妨回憶一下當你在兒時故居與父母共處的那段成長歲月……，再請你想想自己是否經常會……」。

有關於幫助回憶的最後一項建議，便是與你所設計的問卷調查表之結構有所關聯了。

問卷調查表的流程

在你的問卷中，如果所有的問題都能以適當的順序或流程排列的話，那將能讓你受益無窮。受訪者在收到此類的問卷後，不但會覺得相當容易上手，而且在回答時也會顯得興致勃勃。一份具有出色流程的問卷調查表，除了能幫助受訪者更精確地記住相關事項，也能讓他們更願意提供正確的答案。

那麼，要如何來對所有的問題進行配置，以構成一份有效的問卷調查表呢？在你開始著手進行之前，有三項重要的原則必須謹記在心：第一，把應該同時詢問的各項問題配置在相同的段落中；第二，在同一段落中的所有問題應該以合乎邏輯的順序排列；第三，不要把最困難的問題放在問卷的起頭或結尾。

將所有的問題依據其本身特性區分為幾個副主題（subtopic），也能夠幫助受訪者在回答問卷的時候，對其結構保持某種程度的關聯性。舉例來說，你可以把和他們工作有關的所有問題集中於同一段落，和婚姻及家庭有關的匯集在另一段落，與居住狀況有關的歸類於同一段落，而與社區服務相關的又自成一段落等。當你的問題中同時牽扯到兩個不同的階段時（例如：現在和五年前），有時候會讓受訪者感到難以處理。你究竟是應該堅持自己的主題、並在同一段落中改變時間上的階段，或是應該先問完所有與「現在」有關的問題後、再詢問那些與「五年前」

有關的問題呢？這兩種方式到底又是何者較佳呢？對於這種讓人左右兩難的狀況，大家的說法莫衷一是，其實是無法獲得一項肯定答覆的。因此，以何種方式才能讓所有的問題在前後順序上合情合理，這是你應該要考慮的一項因素；另一方面則必須藉由預調，以了解何者的效果最佳。

在每一個主要的段落中，你應該要讓所有的問題都能以一種合乎邏輯的方式排列。舉例來說，在一段與健康保險有關的問題中，你應該先問受訪者是否有參加健康保險，然後再問他們是屬於那一類型的保險，以及他們是否和員工共同分攤這項費用，最後再問他們每個月所必須支付的保險費用。對於上述這四個問題，你可以試著將它們重新排列組合後，再想想它們之間的關聯性；我相信你應該就可以了解，沒有其他的任何排列會比我們所敘述的更合情理了。雖然如此，我還是要再提醒各位：只有在經過審慎的考慮及明智的判斷之後，才可能讓一份問卷中的所有問題，都以最正確及最有效的順序排列，並將其呈現在受訪者的面前。

由困難度或敏感性的觀點對各種問題的「流程」加以考慮，也是不可忽略的一點。不要在一開始的時候，就以那些非常困難或高度敏感的問題來打擊受訪者；別忘了，你還沒有取得他們對你的信任，是否回答此份問卷的主導權還掌握在受訪者的手中。因此，你應該先給受訪者一些甜頭，用那些簡單輕鬆、而又能為調查之主題埋下伏筆的問題作為問卷的開頭。此外，也有人主張應該用一種「打帶跑」或「且戰且走」的心態，將那些艱深的問題或敏感

性的問題留到調查表的最後再提出來。我個人並不十分贊同這種做法，因為我不希望當受訪者在接觸到這些相當重要的問題時，已經是精疲力盡、無心回答了。

我認為最好的處理方式，應該是將這些問題放在問卷中間的某個部分。在我們先前所提到的針對 AIDS 之評定調查中，我們一開始就問受訪者他們曾經與誰討論過這方面的事情，然後在詢問與專業知識有關的問題之前，就將重點轉移到某些和個人表態相關的問題。我們先提出和他們本身之性行為有關的各種問題（這也是最敏感的問題），然後再轉入某些與測試有所關聯的表態問題，最後則是以一些人口統計學方面的事項作為整份問卷的結尾。

藉由遵循本章與前一章中所提到的各項指導原則，各位應該已經能夠製作一份既易於執行管理、又能夠產生高品質資料的問卷調查表。但是在我們能夠蒐集相關資料之前，我們還必須有一個受訪者的樣本群體才行。在以下的兩章中，我們將針對樣本選取的程序進行討論。

4

抽樣的基本原則

是否應該使用隨機抽樣

在調查抽樣的領域中，可分為兩個見解截然不同的派系：一種是堅持主張隨機抽樣法（random sampling method）的擁護者，另一種則恰好相反。採用隨機抽樣法的主要好處，乃是你可以獲得一個能夠代表整個母群體（population）進行陳述的統計基礎，而且你也能夠根據自己所選定的樣本大小，輕而易舉地計算出你對這些調查結果的信賴係數（confidence）之界限。而這種方式的主要缺點，乃是在你能正確無誤的選取樣本之前，必須具備足夠的專業知識、技能以及各種資源。相形之下，非隨機抽樣法（nonrandom sampling methods）的主要優點便在於它的易於執行、以及成本上的明顯減少。當然，對於你所選定的樣本群來說，你沒有任何的基礎了解他們究竟能夠對你真正感到興趣的一般母群體具有多大的代表性，則是這種方法的主要缺點。

在這種非隨機抽樣法中，最常見到的有兩種形式：方便樣本（convenience sample）及配額樣本（quota sample）；這兩者方式都各有其吸引人之處。就方便樣本而言，它的特色正如其名——方便；你可以選定一群最容易取得的人們為樣本。但無庸置疑的是：在大部分情況中，這種最容易取得的樣本群與你真正感到興趣的母群體相較之下，他們通常並不見得能夠具有真正的代表性。舉例來說，你由「街上的行人中」所選定的樣本就是屬於一種方便樣本，但他們並無法代表某個社區。另外的一個例子則是你對學校宿舍或你的心理學課程中的學生所做的調查，它同樣無法代表一般的年輕學子或大專院校的學生。在超級市場中所進行的調查也是屬於方便樣本的例子之一；你對當天剛好到該超市購物的人們進行調查，但這個樣本群依舊無法代表所有的購物者、或是該社區的居民。在所有的方便樣本中，都具有相同的瑕疵：對於你真正感到興趣的母群體而言，他們只是其中一個非常狹隘的子集罷了；因此，他們究竟能夠對你真正感到興趣的總母群體具有多大的代表性，實在是令人懷疑。

整個問題的真正癥結所在，就是某些研究者認為這個「極易取得的」樣本群對於你所想要探討的整個母群體而言，已具有「足夠的」代表性。在一個高品質的抽樣中，

攸關其成敗的主要部分，就是要能夠先適切地定義出你的母群體，然後再謹慎地將那些真正與目標母群體有關的各種來源名單界定出來。對於那些方便樣本的使用者而言，他們通常都無法界定調查結果之限制與樣本母群體之關係。

方便樣本的另一項缺點則是那些面談者、或是提出問題的人，對於他們所要選擇的樣本對象具有很大的自由裁量權。由於缺乏嚴謹的法則，所以這些調查人員會傾向於接觸那些看起來不排斥他們的受訪者，而避免讓自己碰壁或自討沒趣。

以隨機抽樣的法則而言，配額樣本在這方面的誤差就顯得不是「那麼嚴重」了；因此這種方式會讓人覺得不至於太過離譜。在配額樣本的做法下，通常都會在選定樣本群之前，對其所必須具備的特性做出少數的限制；舉例來說，要求在樣本群中的男性及女性人數必須相同，每五名樣本中就必須有一位年長者等。就某種範圍而言，根據這種方式所選定的樣本群，「看起來」似乎較能代表你所感到興趣的母群體。但是，它的主要瑕疵在於：你只能夠在極少數的領域內（例如性別、年齡等）建立這項「配額」，而在其他的任何領域中，你無法保證這些樣本能夠代表母群體。此外，雖然在你的樣本中是男性與女性各佔一半；但這並不意味這些男性及女性的受訪者，就是在所有的男性或女性中的具有代表性之樣本。這種配額式的做法，或許會讓你覺得已經在樣本的代表性中加上了某種的考慮因素；但平心而論，它與方便樣本並沒有什麼太大的差異。

因為你所雇用的資料蒐集人員仍然有自由選擇樣本的權利，那他們當然也會傾向於挑選那些看起來慈眉善目的受訪者。

而隨機抽樣的最大優點，便在於各式各樣的人都有機會被涵蓋在你的樣本中。事實上，你並不需要憚精竭慮地去刻意獲得這種混合的樣本；你只要遵循隨機抽樣的程序，這種具有代表性的混合結果，自然就會水道渠成地自動出現在你的樣本內。

要想完滿地達到隨機抽樣的效果，你除了必須先了解一些基本的原則外，也要知道如何以一種實際的形式執行這些原則。以下所述的幾項概念，將有助於各位朝此方向邁進。

1. 一個隨機樣本（random sample）：在觀念上是不帶有任何成見的，它會讓母群體中的每一個人都有機會被納入於你的樣本中。

2. 你的樣本是否具有足夠的代表性，完全取決於你所選定的原始名單。如果你所選擇的這些名單本身就具有瑕疵，則抽樣的技術也無法克服這項缺點。

3. 縱使是一個完全不帶有任何偏見的隨機樣本，它也會因為機會變異（chance variation）的緣故，而在代表性方面出現偏差。你的樣本與實際的代表性之間究竟會呈現多大的偏離，這會與你所選定樣本的絕對大小（absolute size）有著直接的關係。

抽樣架構

　　被你用來作爲樣本選取來源的名冊，就稱爲「抽樣架構」（sampling frame）。決定抽樣架構時的首要目標，就是要讓你有興趣進行研究的母群體中的每一個人，都能夠被包括在這份名冊中。你所選用的名冊在品質上的優劣，勢必會影響到你的樣本所能展現出來的整體品質。你對這份名冊所要關切的重點應該是：（a）這份名冊是否完整？（b）縱使這份名冊相當完整，但它是否涵蓋我真正想要進行調查的母群體？

　　有許多不同的原因，都能讓一份名冊不夠完整；因此，在你正式使用它之前，應該先試問自己（或是該名冊的保存者）有那些人會是完全未被包括在該名冊中。舉例來說，在各種的學生名冊中，通常都不會將特殊的學生（指智能較低或智力發展較遲者）、已畢業的學生、或是不具正式學籍的學生包括在內。在你的研究中，是否需要將這些學生涵蓋在內呢？假如答案是肯定的，那這些名冊中如果並未將他們包含在內，就會讓你的樣本出現瑕疵。另外一個例子則是試圖使用電話簿選取樣本；因爲那些家中沒有電話的人，以及支付額外費用而申請「不刊載」電話號碼的用戶，都不會出現在電話簿中。如果你忽略了這些沒有電話以及使用未刊載之電話號碼的家庭，那將會讓你的研究出現極爲嚴重的瑕疵。

　　有時候，這些名冊也會因爲不合時宜而變得不夠準確。

因此，在使用名冊之前不妨先問清楚它的內容是多久會被更新一次，以及在把某人加入名冊中時所必須遵循的是那些過程。如果這份名冊距離上次的更新日期已經有一段不短的時間，那你應該可以確定在你的研究中所希望涵蓋在內的某一群人，必然並未存在於此份名冊內。假如人們必須採取主動才能讓自己被列入於名冊中（例如一份登錄的投票人名冊）、或是將名冊內的個人資料加以更新（例如通知登記員或專責單位有關於地址的變更），那你也幾乎可以確定此類名冊在資料的正確性方面必定是問題重重。

當你拿到一份品質不佳的名冊時，應該怎麼處理呢？第一，你可以找找看是否有其他的名冊可以用來彌補其不足。舉例來說，學校的教務處應該也保留有關於不具正式學籍之學生、特殊學生、或是已畢業學生的名冊。而在市政廳裡，也應該保有「新完工」之建築物的名冊，它會把當年度剛完工的所有公寓大廈或房屋的資料都明列在其中。只要花點心思尋找及查對，通常都能讓你如願以償，而讓手邊的名冊臻於完備，在使用時也不會破綻重重。

第二，你可以去找一份比舊有名單還要更為精確詳實的新名冊。舉例來說，與其使用一份登錄的投票人名冊作為某城市之母群體的代表，不妨考慮改用該市稅捐稽徵單位寄發相關稅單的名冊。第三，也是最糟糕的一種情況，如果你已經使用手邊的名冊進行研究的話，那就只好將你原先打算要公布的母群體重新定義。舉例來說，你可以宣稱自己所進行的這項研究，其母群體是以去年 10 月 1 日起擁有電話、並且將其電話號碼刊載於電話簿中的人們為對

象；而不要說是以該市的所有居民為調查母群體。

抽樣誤差

　　當你在從某個母群體中選取樣本的時候，會與由每個人身上蒐集資訊時一樣，由於機會誤差（chance error）的緣故，而使你的樣本中存在著一種無法盡善盡美地反應出該母群體之特色的可能性。舉例來說，假如你的母群體是完全將男性及女性各一半分開，縱然你所選取的是一個隨機樣本，你仍然可能會獲得一個男性佔 52%、女性佔 48% 的樣本群體。如果你使用隨機抽樣的程序，就能計算出這項誤差的可能性及它所帶來的影響。

　　計算的公式相當直接：要由你的樣本對母群體中任何一種特定的特性進行誤差大小的估算時，會決定於兩項因素——你的母群體中對於這項特定的特性，其變化性（variability）或變異數（variance）有多大；以及你的樣本有多大。計算抽樣誤差（sampling error）之大小的公式如下：

$$抽樣誤差 = \sqrt{\frac{變異數（variance）}{樣本大小（size\ of\ sample）}}$$

　　藉由上述公式，我們對於在實際母群體中任何一項特

性的比例，是否會介於來自我們的樣本中之抽樣誤差大小的正兩倍或負兩倍的預估範圍以內，約可達到 95%以上的確定度。我們將這個範圍稱做「信賴區間」（confidence interval），它可以被應用在來自於某項研究中的所有預估，並作為我們所進行之研究案的精確度的一項指標。

在這個公式中最引人注目的，就是當樣本大小及變化性發生改變時，將會如何對誤差的數值造成改變。如果我們對某個母群體中所有特質的變化性，只將兩種狀況——例如性別（男性或女性）、年齡（30 歲以下或超過 30 歲）——列入考慮時（亦即二項式的，binomial），其結果將會是：在所有的選項中當這種二項式的分配（binomial distribution）呈現均等的狀態時，則變化性的測量值就會較高；而當這項分配較偏斜於某一方時（例如 10~90%，或 90~10%），則變化性的測量值就會降低。因此，當我們在使用這項抽樣誤差的公式時，如果這種二項式的狀況在選項的兩個不同部分是成平均分配時，則抽樣誤差的數值就會最大；當其中一部分相當稀少而另一部分佔有大多數時，則該項數值就會很小。

樣本的大小會以一種相當有趣的形式對抽樣誤差造成影響。由於樣本的大小是上述公式中的分母，因此當樣本較大的時候所獲得的誤差值就會較低，而該樣本較小時則會獲得較大的誤差值；這點應該是相當合理的。雖然如此，我們還是必須特別注意一件事：因為所有的數字都是在一個平方根（square root）的符號之下來處理，因此當你想要讓誤差值降低為原來的一半時，你就必須讓樣本的大小成

爲原先的四倍才行。這種方式將會造成一條具有「縮減回應」（diminishing return）之形狀的曲線。舉例來說，對於一個數量爲 100 的樣本群體而言，如果你對它所產生的誤差值感到不滿意時，那就可以藉由將樣本數增加到 400、使這個誤差值成爲原先的一半。假如你對這個誤差值還是不甚滿意，仍然可以將樣本數再增加爲 1600、而讓這個誤差再降低爲先前的一半。如果這樣做之後還是未能達到你的要求，那就只好再將樣本數擴大爲 6400，讓這個誤差值再減低 50%。有時候，你爲了要讓這項誤差值降低爲先前的一半而必須投入的所有邊際成本（marginal cost），會遠超出該項研究的各項需要或資源；因此，研究者只能在預算限制的可能範圍內，盡量想辦法獲得更佳的精確度（degree of precision）而已。

這項公式中還有一件令人注目的特點：你的樣本在整個母群體中的比例如何，並未被涵蓋在內。這麼做的原因，是因爲那些數學家假設你的樣本是由一個無限大的母群體中所選出來的。在大多數情況中，你的母群體大小與樣本大小相較之下，前者必定是相當龐大，因此人們對於這項假設的正確性倒也沒什麼爭議。在上述的這些情況下，絕對的樣本大小就成了關鍵所在；而該樣本在整個母群體中所佔的比例如何，就不是重點了。

如果你是由整個母群體中挑選出比例相當高的數量作爲樣本群體時（例如由全校的學生中挑選一半爲樣本），這乃是屬於特殊的狀況；這時，就可以在該公式中加入一項調整因素（adjustment factor），使誤差的預測值得以降

低。

隨機樣本的類型

　　在選取隨機樣本的時候，有許多種不同的方法可供使用：「簡單隨機抽樣」（simple random sampling）是最基本的一種方法，其他還有數種的策略可供應用。在我們稍後所要討論的其他策略中，每一種的作用都是爲了「改善」抽樣過程——尤其當它牽涉到代表性（representativeness）時；當然，在這麼做的同時，隨機抽樣的程序仍然是不可被忽略的。

簡單隨機抽樣

　　這種簡單隨機抽樣的方法，就和我們在電視中所看到的抽獎活動一般，先將許多的參加者名單放在一個箱子內，將它們充分搖動之後，再遮住眼睛由其內抽選出「中獎者」。在抽選這種簡單隨機樣本的時候，母群體中的每一個人都會被放置在這個「箱子」內，然後我們再由其中抽選出所需要的樣本數量。

　　當我們在真正進行樣本抽取的時候，會使用到一個亂數表（table of random numbers）；在大部分與統計有關的著作中，這些對照表都會被附於該書的最後部分。在許多

的電腦中，也都會內建有此類的隨機數量級數（random number series）。當你在抽選樣本時，應該使用以下所述的各項步驟。

1. 先確定你想要讓多少人組成你的樣本（可參閱本章中稍後所述有關於決定樣本大小的章節）。
2. 取得一份名冊，讓你所想要研究的每一個人都能夠成爲該母群體中的成員。
3. 將這份名冊由「1」開始編號，直到「最後一個人」爲止。當你在參閱亂數表的時候，最後這個人的編號就可以決定出你的樣本群體在範圍上究竟是屬於多少位數（digits）（例如兩位數、三位數、四位數等）。
4. 由你的亂數表中，以隨機的方式選取一定點作爲讀取亂數表的開頭（閉上你的雙眼，拿鉛筆在該頁中隨意點取一個數字，或許是進行這項步驟的可行方法）。此外，由於在一份亂數表中的所有隨機數字，都能夠以任何的方向讀取（向上、向下、朝左、或朝右）；因此當你一旦選定了起始點之後，你也必須確定自己在該表中是想要以何種方向繼續進行。
5. 如果你所抽選到的數字是「036」，那麼在你的名冊中編號爲「36」的這個人就將成爲你的樣本之一。然後，再根據你事先已經決定好的方向移動，以選取下一個隨機數字；如果你下一個選到的數字是「413」，那麼名單中編號爲「413」的人也將成爲你的樣本。
6. 依照這種原則，繼續在你的亂數表與你的數字名冊中進

行抽選，直到你獲得自己所想要的樣本大小爲止。

　　當研究者在使用這種簡單式隨機抽樣法的時候，有兩項議題是他們所感到關切的：第一，在一份亂數表中查閱無以數計的數字後，再將它用來對照名冊中的數字以抽選樣本的這項單調而又耗時的枯燥過程；第二，這個樣本的代表性究竟如何。

　　這項枯燥乏味的問題，可以利用電腦化的過程加以解決。至於代表性的問題，則會受到我們先前討論過的兩項因素所影響：變化性的數值及你的樣本大小。當我們在選取隨機樣本的時候，不論我們是以何種的方式測定在這項研究中所使用的樣本，都必須謹記一項原則：在我們預估值中的信賴區間，必須只能是正或負兩個標準誤差（standard error）。只要是當我們在使用簡單式隨機抽樣的程序時，我們的樣本預估值的精確度就必須是位於這個限制範圍以內。還有其他的隨機抽樣方法，因爲它們可以將抽樣誤差的數值做更好的限制，所以在代表性方面也就能提供更高品質的保證。我們在以下將對這些方式逐一討論。

系統隨機抽樣

　　對於上述簡單隨機抽樣法中所產生的兩種缺點而言，使用系統隨機抽樣法則可以獲得某種程度的改善：它在抽選樣本的過程中不致於那麼枯燥乏味，而且所產生的樣本對母群體而言具有更高的代表性。我先向各位說明這種抽

樣方法為何在執行上會更為簡易；它的處理步驟如下所述。

1. 先取得一份你所要進行研究的母群體名冊。
2. 對名冊進行編號(事實上,這個步驟並不是非做不可的；但是你如果能將母群體中的每一位成員都加以編號的話,則可以讓整個過程變得更容易一些)。
3. 決定你自己所想要的樣本大小。
4. 確定你的樣本在整個母群體中所佔的比率。舉例來說,如果你把由市政廳中所獲得的兩萬份家庭資料作為母群體的名冊,並且打算由其中抽取一千個家庭當作樣本時；那麼你的樣本在總母群中所佔的比率就是二十分之一(1 / 20th)。這種方法的關鍵性技巧,就在於你如何解讀這項比率：不要將它當作是二十分之一,你可以把它視為由每二十個中抽選一個。因此,二十就成了一個「區間」(interval)。此時,你可以將整份名冊視為是由許多以二十戶為單位的子群體所組合而成；而你所要做的,則是從每一個以二十戶為單位的子群體中,都以隨機方式各自抽選一個樣本。
5. 然後回到你的亂數表中,並在適當的區間內(在這個例子中的數字應該是 1 至 20)以隨機方式選取一個數字；假設你這麼做之後所獲得的數字是「7」,那麼這個數字就稱為是你的隨機起始點(random start)。
6. 此時,在第一個以二十戶為單位所構成的子群體中,編號為第七的那一戶就成了你樣本中的第一個家庭。
7. 再過來的下一步驟,也就是這種系統式抽樣法的訣竅所

在。你繼續朝著此份名冊向下搜尋，並在每一個以二十戶為單位所構成的子群體中，將編號為第七的那一戶選出。你第一個選到的必定是整份名冊中的第七號（也就是第一個以二十戶為單位所構成之子群體中的第七戶），再過來則是整份名冊中的第二十七號（也就是第二個以二十戶為單位所構成之子群體中的第七戶），然後就是第四十七號（也就是第三個以二十戶為單位所構成之子群體中的第七戶）；以此類推，直到你完成整份名冊的挑選工作為止。

在這種原則下，你在整份名冊中從頭到尾所抽選的樣本，都會是由每二十個中抽取一個；因此你的樣本也就是整個母群體中的二十分之一。假如你能夠謹遵上述的這些步驟，你應該就能發現：我們只需要在求取隨機起始點的時候，進入這份亂數表中一次即可；這和前述的簡單式隨機抽樣法必須進入該表中上千次相較之下，當然是容易多了。

使用這種過程的另一項重要結果，則是顯現於我們所選擇的樣本型態上。由於我們在整份名冊中都是以每隔二十個選取一個樣本，因此我們的選擇項必定會平均分布於整份母群體的名冊中。我們由該名冊的前段及後段中所選取的樣本，必然會在數量上無分軒輊；而且只要你願意的話，我們在這份名冊中每一個部分所選取的樣本數都可以完全相同，這點更是無庸置疑的。在該名冊中不但不會有未被選到的部分，而且也不會有在同一部分中被選取過多

的情況出現；正是由於這種方法具有此項特質，因此它才能夠改善樣本的代表性。

　　與簡單式隨機抽樣法相較之下，我們究竟能否改善樣本之代表性的關鍵點，在於我們用來抽取樣本的名冊本身是否有一種固定的排列順序存在。有時候這份名冊會有明顯易見的排列順序（例如以字母順序排列），但有時候名冊本身的排列順序會較為複雜而不易捉摸，因此你就必須花些時間了解它是以何種方式構成（例如由醫院中所獲得的病人名冊，可能是以就診的日期排列；而一份員工的名冊則可能會以郵遞區號或住家地址為排列基礎等）。不論該名冊是以何種方法排列，我們使用這種系統式隨機抽樣法所獲得的樣本，它在母群體中的特性方面出現抽樣誤差的機會可說是微乎其微。這個原因就是我們先前所提過的，在整份名冊中用來抽選樣本的型態乃是呈平均的分配；因此它不會出現在某一部分中選取過多的樣本、而在另一部分中被抽選到的樣本數目過於稀少的這種狀況。在這種情況下，整個樣本當然就會涵蓋該名冊中所具有的各種特性，而在代表性方面也就更臻於完美了。

　　這種降低抽樣誤差後所帶來的利益，還可以被加以延伸，而超出該份名冊中用來作為排序基礎的某種特性。也就是說，只要是與該名冊中用來作為排序基礎之特性有所關聯的其他任何一種特性，也都可以同樣獲得抽樣誤差降低的這種好處。至於它的降低程度到底會有多大，則是決定於這項第二種特性與該份名冊中用來作為排序基礎的特性之間，其關聯性究竟有多強。通常我們可以發現有許多

種的其他特性，都會與該份名冊中用來作為排序基礎的特性有所關聯。

　　舉例來說，如果你手中的名冊是以人們姓氏的字母為排序基礎的話，那麼你在民族學或人種學背景方面所產生的抽樣誤差也會隨之降低（例如猶太人的姓氏大都會是組合式的——O'Neil、O'Henry、McNeil、McHenry 等），並會因此而間接地降低宗教背景方面的抽樣誤差；而在和這些因素有關的其他任何特性方面，例如價值觀、飲食習慣、眼睛顏色等等，也都可以減少其抽樣誤差。

　　另外一個例子則是由某個學校的註冊組中所取得的年度學生名冊。由這種學年新生名冊中所獲得的樣本，在下列相關要素中所產生的抽樣誤差也可以變得較低；例如年齡、對學校的了解、成熟度、工作經驗、以及所獲得的學術知識等。

　　在使用這種系統式隨機抽樣時，需要特別注意的只有一點：如果你所使用的名冊，因為基於某些因素的考量而會以某種重覆性及循環性的順序為排列基礎，而你的抽樣區間（sampling interval）又恰好會與這種周期產生重疊的時候，則你在抽取樣本時就會造成極為嚴重的瑕疵。讓我們用一項實例來證明這種瑕疵；比方說你手中有一份已婚者的名單，而你打算由其中選取一個樣本群體。如果這份名單的排列順序是以妻子（1）、丈夫（1），妻子（2）、丈夫（2），以此類推的方式排序，而你的抽樣區間又恰好是偶數時（例如二十個中選出一名，一百個中選出一名，或是五百個中選出一名等）；那麼依據你的隨機起始點之

數字，你所選出的樣本很可能會全部都是由妻子或由丈夫所構成。顯而易見地，當你的樣本中只包含了妻子或只是由丈夫所組成的時候，它當然無法代表所有的已婚者。

　　要避免產生這種問題的方法之一，就是先對你所選定的名冊進行檢視、並了解它是以何種要素為排列基礎。假如在名冊的排序中有任何循環性的狀況存在時，就需要進一步了解它的頻率如何。當你在選定抽樣區間時，必須先確定該名冊中的週期頻率不至於和你將要使用到的抽樣區間有倍數關係存在。如果沒有任何重覆的現象，那麼在使用這種系統式方法選取你的樣本時，也就不會造成具有爭議性的瑕疵了；假如存在著重覆的狀況時，那就必須改變某些事項——它可能是要更改你所選定的抽樣區間，或是變更你所使用名冊的排列順序（但是這種做法的可能性並不大，因為它將會破壞原本排序中所存在的正面效果）。

　　我們先將這種由於循環性排列所可能產生的問題放在一邊，只有當你在使用一份具有排序特性的名單、並能夠了解如何充分利用它所具有的優點時，則這種系統式隨機抽樣法才能對改善你所選定之樣本的品質有所助益。當然，並非所有的名冊都具有排序的特性，或者是該名冊中用於排序的要素與你的研究主題並無多大的瓜葛。在這種情況下，由系統式隨機抽樣法所產生的樣本，其代表性就不見得會比使用簡單式隨機抽樣法要來得更好（雖然如此，它也不至於會變得更糟）；但假如你是以人工方式選取樣本的話，它在執行上肯定要比後者來得更為簡易。

層級隨機抽樣

就降低抽樣誤差而言，這種抽樣方法是目前最強而有力的一項工具。它採用了我們先前所討論到的名單排列順序（或是將人們歸屬於相類似的群體中）為基本概念，而且與系統隨機抽樣法相較之下，它也將其做更進一步的延伸。在要達到層級隨機抽樣所能帶來的利益之前，你必須先刻意地將手中名冊的順序進行重新排列，以便讓那些具有某種相同特性的人們自成一個子群體（subgroup）或階層（stratum）。藉由創造出這些新的子群體之後，當你在由每個子群體中進行抽樣時，就可以將他們分別視為是一個母群體，而使得抽樣的比例上便不至於出現任何遺漏的狀況。這麼一來，你所抽取的樣本就能夠充分代表這些群體，並在這些範疇中不會出現抽樣誤差。

此外，與設定的層級特性（stratification characteristic）有所關聯的每一項特性，也都能夠以較低的抽樣誤差而被納入於你的樣本中。至於在抽樣誤差中所能實現的降低值究竟有多少，則是決定於該項特性與層級特性之間的關聯性到底有多強。

你也可以同時使用數種的特性將你的樣本層級化。舉例來說，你可以將取自於某校註冊組的學生名冊，先依據大一新生、大二、大三、以及大四等特性加以區分成四個子群體；然後再於每個子群體中依據性別細分為男性及女性兩個子群體；最後則可以再根據每位學生的住宿狀況（例如學校宿舍、城市住宅、或是校外公寓等），將他們再區

分為不同類型的群體。

層級的處理可說是一種不錯的細分方法，它通常都可以讓抽樣誤差獲得降低。那麼它的適用情況何在呢？為什麼它並不是人們所使用的唯一抽樣方法呢？主要的原因在於：為了要對該名冊進行層級化，有關於層級成員的相關資訊就必須被涵蓋在原始名冊之中，這樣才能讓整份名冊根據你所想要的範疇重新組合。但是在許多情況中，你並無法取得額外的資訊對這份名冊進行層級區分，或者是你所能獲得的資訊與你的研究主題並無太大的關聯；因此也就不適用這種層級隨機抽樣法。

以下所述乃是這項技巧的相關步驟之摘要：

1. 先取得一份你想要從中抽取樣本、並且也包含層級資訊在內的母群體名冊。
2. 將你的這份名冊加以分類或重新排列，以便讓自己能依據所界定的層級變數（stratification variable）數值，創造出各自分離的數個子群體。
3. 將你的名冊加以編號。你可以使用兩種不同的方式對這份名冊進行編號：（a）你可以將連續性的編號使用於整個母群體中的各個不同子群體內，或是（b）你也可以將每一個層級分別由 1 編號至「n」。如果你所使用的是後述方法，那麼你也可以對下列步驟中所述的不同技巧做一選擇。
4. 如果你在整個母群體中所使用的是連續性的編號，那麼你就可以按照先前所述的系統隨機抽樣程序，選取你的

樣本。你這時應該要先決定在每一個子群體中所想要抽取的樣本數目、並計算出適用的抽樣區間，然後再由亂數表中挑選一個隨機起始點，並將已選定的區間應用於整份名冊中。假如你在該名冊中是以每一個各自分離的層級做編號時，那麼你可以採用一連串的系統隨機抽樣法、或者是一連串的簡單隨機抽樣法，對每一個子群體進行樣本選取；由每一個層級中抽選出你所需要的樣本數量，讓它們在比率上能夠充分代表該子群體與整個母群體間的關係。

- 不均等的選取比例

在以上的討論中，我們所敘述的各種程序都是將相同的抽樣比例使用於每一種的層級內；對於大部分的樣本來說，這當然是我們所追求的目標。然而，在某些狀況下，如果我們是以不同的比例對每一個層級進行抽樣時，反而可以獲得更大的好處。舉例來說，有時候某一個層級與整個母群體相較之下，它所佔有的比例相當低，但是卻有許多重要的分析項目都會和這個層級有關；尤其是在執行這些分析時是必須對這個子群體再加以細分的話，你由這個層級中所需要獲得的樣本數目，可能就要高於原先所使用的整體性抽樣比例（sampling rate）了。

由於每一個層級都已經被確認，因此要讓較高的抽樣比例適用於這個較小的子群體時，並不是一件很困難的事情。假設原先的抽樣比例是十個中抽取一個，那你就可以採用三選一、甚至是全數選取的方式。藉由這種過量抽樣

的方法，你就可以由這個層級中獲得較多的樣本，以配合你在分析上的需求。

　　但是在使用這種方式時，會有兩種「問題」出現。第一，當你在把來自於這些樣本的答案全數提出來的時候，必須認清你由某一個特定層級中選取出過多樣本的這項事實，並對它進行調整。你必須依據這個子群體與其他層級之間的關聯性，將它修正為正確的大小。在許多常見的電腦統計程式中，這是一種相當容易執行的程序。這個過程也就是我們所說的「加權」（weighting），它會以統計上的方式將這個過量抽樣的群體縮小化，以達到修正該群體與整個樣本間之適當比率的目的。

　　為了幫助各位更了解整個狀況，我們以實例說明。就拿先前所提過的某校學生的樣本來說，假設你已經知道「不具正式學籍的學生」只佔了母群體的 5%，你可能會為了要讓他們能夠在你的樣本中佔有 20%的比例，而對這個子群體進行過量抽樣。當你要對整個學生母群體的相關資訊提出報告的時候，你就必須對這些不具正式學籍之學生的權數做一調整；由於他們先前已被過量抽樣，因此在所有的答案中所佔的比例也就偏高。你應該要以四分之一的比例對這些答案進行加權處理，這樣才能夠將他們與整個學生母群體之間的比率修正到正確的數值。

　　第二個問題則是有關於你所選定樣本的「實際」大小。抽樣誤差的計算乃是以簡單隨機樣本作為假設基礎——亦即母群體中的所有部分都有相同的機會被選取。當你使用加權方式降低被過量抽樣的群體大小時，你也會使得整體

的樣本大小因此而被減低，而這將會提高你的抽樣誤差。舉例來說，如果你在某個群體中使用五選一的基礎作為抽樣區間、並獲得一個總數為一百的樣本，但事實上整體性的抽樣比例應該是二十選一、而獲得的樣本總數只有二十五個時；在以加權方式做調整的情況下，你就必須將整體的樣本大小減少七十五個。由於許多與統計有關的計算，都是以樣本大小為計算基礎，因此在對某一子群體進行過量抽樣時，你所必須付出的代價便是：在你的整體樣本中，有效的樣本大小將會被降低。

多階段抽樣

與先前所述的各種方法相較之下，我們將要討論的這種抽樣方法並不能產生一個「更完美」的樣本；但是它與實務上所採用的各種方法相較之下，卻能夠產生一個較完美的樣本。各位可以看得出來，在我們以上所述的各種抽樣方法中，都是以同樣的步驟開始：取得一份完整母群體的名冊，並對其加以編號。在大部分情況下，這第一個步驟在執行時就會相當棘手，或者是由於母群體的大小、而根本就是一件不可能做到的事情。各位不妨想想，不論是要取得一份涵蓋全美國之家庭的名冊、或是所有大專院校學生的名冊、或是所有醫院中全部病患的名單，這幾乎都是一件不可能、或是完全不切實際的事情；而此類的例子可說是多不勝舉，上述這些只不過是其中的幾種罷了。

在這種實際的障礙之下，許多研究人員都已經放棄使

用真正的隨機抽樣法，而開始利用我們在本章起頭時所提到的非隨機抽樣法。當我們在不可能取得一份母群體的完整名冊，或者是想要獲得整份名冊時根本就是不切實際的想法時，問題的癥結就出現了：那我們究竟要如何選取一個隨機樣本呢？而多階段抽樣正能對這種困擾提供一項解決方法，所以和其他的各種方法相較之下，它就能產生出一個「較完美」的樣本。

多階段抽樣的訣竅正如其名，乃是以階段的方式選取你的樣本。由於在剛開始時就想要獲得一份涵蓋整個母群體的名冊，可說是一件不切實際的事情，因此我們所要做的乃是：先將這個母群體聚集成你可以取得一份名冊的數個群體，然後再由這些群體中進行抽樣，最後再嘗試獲得你所抽選到的群體之名冊。

舉例來說，如果你想要取得一個所有大專院校學生的全國性樣本時，由於目前並沒有這種涵蓋所有大專院校學生的名冊存在，因此你根本就不可能立刻選取樣本。你目前所可能取得的，只是一份所有大專院校的名單而已。因此，你要採行的第一個步驟應該是先取得這份名單，將各所學校都加以編號，然後以隨機的方式由名單中抽選幾所學校（這個過程可以使用你所學過的任何一種隨機抽樣法）。現在你手邊已經擁有一份數量較少的大專院校名單，你就可以開始逐一和這些學校聯繫，並取得一份各校的學生名冊；然後再由這些被抽選到的每一所學校中，分別選取一個由各校學生所構成的隨機樣本。

你也可以在整個過程中加入額外的各種階段，以便讓

這個過程變得更可行。以上述所舉的例子來說，你也可以先以各州來做抽樣，然後再對被抽選到的每一州進行學校的抽樣，最後再對被抽選到的學校進行學生的抽樣。

這些程序中的關鍵部分，乃是在於階段較高的聚集單位（例如州或學校），必須要能夠涵蓋你在抽樣時所最終感到興趣的整個母群體（例如學校中的學生）。只要能夠掌握這項原則，那麼這種程序就只是在不斷地重覆相同的步驟而已——也就是說：取得一份名冊，將其加以編號，再抽選出一個樣本；然後再針對另一個階段重覆這些相同的步驟。

在任何一種隨機抽樣方法中，它的主要目標之一就是：在母群體中的每一個單位，都有同樣的機會被抽選。而為了要能夠計算出某一位個人會被抽選到的整體可能性，我們就必須將他在整個過程中每一個階段所可能被抽選到的機率相乘。在使用這種多階段式抽樣法時，為了要達到這項讓每個人都有同樣的機會被抽選到的目標，我們可以利用以下所述的幾種可能程序加以達成。

• 方法 A

在最後階段之前的任何一個階段中，所有被選取的單位都不會牽涉到大小的問題（例如各州或各院校）。然而到了最後的階段時，你由每一家學校中所選取的學生人數，就應該是具有相同的比例才對。舉例來說，在我們針對大專院校學生所進行的研究中，被選取到的可能性或許會是：

$$\frac{1}{5}州數 \times \frac{1}{30}學院數 \times 1\%學生數 = \frac{1}{15,000}學生數$$

由以上所舉有關於對學生進行抽樣的例子，我們可以
了解：在這種方法之下的前幾個階段中，由區域較大的州
或規模較大的院校之學生所構成的子群體，在學生數量上
雖然會比那些由區域較小的州或規模較小的院校所構成的
子群體爲多，但是兩者在被選入樣本中的機會卻不會有任
何的不同。唯一的差別是在最後的階段中，由規模較大之
院校所抽取的學生總數，會比規模較小者來得更多罷了。
但最後的結果必定是：就任何一位學生來說，不論他是住
在區域較大的州、或是就讀於規模較大的學校，他們被選
進樣本中的可能性都是完全一樣的。

- **方法 B：多階段抽樣法在規模大小上的適當比例**
在這種方法下，我們將聚集單位的大小也列入爲每一
個前置階段中的考慮事項；對於學生數量較多的院校，在
起初的階段中我們會讓它在被選取到的機會上，高於那些
學生數量較少的學校。爲了要能使用這種方法，我們必須
讓所有聚集單位的名冊中，也能夠包含有涵蓋在該聚集單
位中的最後抽樣單位之數目。舉例來說，我們必須先知道
在五十州中，每一州之內的大專院校學生數量分別有多少；
同時也要知道在第一階段中被抽選到的各州之內，分別就
讀於不同大專院校的學生數量各有多少。

爲了要在所有的階段都完成之後，能夠達成一個均等

的被選取機率，因此我們在抽樣過程的最後階段中所採行的抽樣程序，就必須是由每一所學校中選取數量相同的學生。如果我們的抽樣策略是要由全國之中挑選出二十所院校，然後再由每一所院校中分別選出一百位學生為我們的研究樣本。藉由遵循這些程序之後，我們可以發覺到有一項不可思議的要素已被實現，那就是：聚集單位的大小並不會對我們最後樣本中被抽選到的可能性造成任何的衝擊。以下的公式或許可以幫助各位了解其中的原因所在：

$$被選取州的區域大小 \times \frac{州的區域大小}{被選取學生數目} \ (第一階段)$$

$$\times 被選取學校數目 \times \frac{學校規模大小}{州的規模大小} \ (第二階段)$$

$$\times \frac{被選取學生數目}{學校規模大小} \ (第三階段)$$

由上述的公式中，你可以發現其中有兩種聚集單位的大小（州的區域大小及學校的規模大小）可以被相互抵銷，因此對每一個學生來說，他最後被選取到可能性就成了：

$$\frac{被選取的州總數 \times 被選取的學校數 \times 被選取的學生數目}{母群體的大小}$$

你所選定的樣本應該要有多大

對於規劃某項研究案的任何人來說，這個問題都是他們所必須面臨並處理的。對許多的研究計畫來說，樣本的大小乃是決定於它的預算能夠負擔到何種程度；當然，在決定樣本究竟應該要有多大時，這絕不是最好的一種方法。反之，我們應該利用那些具有統計基礎的各種策略，來引導我們對此做出正確的決定。

在我們對這些統計策略進行說明之前，必須要先提醒各位：這些只不過是輔助性的指導原則，最後的決定仍需視整個計畫案的前後關係而定。在這些方式中，依然存在著許多不可掉以輕心的瑕疵。第一，它們在表面上看起來彷彿是一種無法駁斥的科學理論，但事實上它們只不過是一些指導原則罷了。第二，它們所提供的答案只不過是一種最小的樣本大小，而不見得是最佳的樣本大小。第三，它們乃是假設一項研究的進行只是為了調查一種變數而已，但事實上可能會有許多的變數都具有同樣的重要性。第四，它們認為在一項研究中所出現的誤差都是來自於抽樣誤差，因此所提供的乃是一種錯誤的精確度。當你在使用這些統計性的指導原則時，如果能將上述的這些瑕疵謹記在心，自然就能夠捨其缺陷而取其長處。

在選擇樣本大小時所使用的數學公式，與抽樣誤差公式，有著相當密切的關聯性。各位應該還記得，影響抽樣誤差的要素共有兩項：在母群體中某種特性的變化性數值

有多大，以及樣本的大小。選擇樣本大小的方法之一，就是利用這個公式解決樣本大小的問題。此時，你必須先預估自己所預期的變異數（或藉由假設一個具有 50%——50% 分配的二項式變數，作為最惡劣的情況），然後你也必須選定你在自己的調查預估值中所想要獲得的精確度。藉由使用這項公式，我們就可以找出在我們的變異數假設之下，為了產生一個既定的抽樣誤差水準時，所必須要有的樣本大小。請切記一點：如果你想要獲得較高的精確度，則樣本的大小就必須增加；舉例來說，當抽樣誤差得以降低一半的時候，就意味樣本大小必須以四的因數增加。

另一種統計上的方法則稱為「次方計算」（power calculation，亦稱為「冪計算」），它在執行上乃是依據你打算如何利用手中資料的前後關係而定。如果你從事某項調查的目的，只是想要對兩個群體進行比較，以確定兩者之間在某些特性上是否「有所不同」的時候；那麼你所關切的重點之一，應該是你對於調查的結果能夠產生多高的信任度。當我們獲得一種「無差異」的調查結果後，想要確定它的真實性究竟如何時，這種次方計算的方式尤其能夠發揮功效。在這種方式下，你不能同時將次方及偵測某種重要差異的能力都最大化；基本上來說，對一個既定的樣本大小而言，當其中一方較高的時候，另一方則會變得較低。

就上述的兩種統計策略而言，當我們對這些策略的缺點了解越透徹的時候，對它們的期望也就不會那麼高。我們必須謹記在我們所進行的各項研究中，會有許多的變數

存在，而不是僅有一種變數而已。我們也不可忽略誤差的產生除了來自於抽樣誤差之外，還有許多其他的肇因；因此在我們使用的所有資源中，有某些應該也能夠對減少誤差有所助益。最後，我們也應該切記：在我們所進行的分析中，也有許多只是針對不同的子群體做比較，而不是以全部的樣本做分析。如果這些分析事實上就是我們所要進行的關鍵性分析時，那麼在計算樣本的大小時，除了應該要考慮這些子群體將會有多大之外，也要考慮這個樣本的大小是否足以符合你想要進行的分析之所需。

5

存在於抽樣中的各種陷阱

　　本章中我們將要討論一些當你在抽選樣本時，所可能
會面臨到的疑難雜症，以便讓你能預先防範並妥善解決。
在先前的各章中，我們已經大略提過這些問題，現在則是
要對它們再做深入的探討。

過期的名單

　　過期的名單（out-of-date lists）不僅會對你的研究造成
效力上的困擾，而且也會嚴重地損害了你的研究品質。某
些名單之所以會變得過期，其中的一項因素就是名單內存
在「額外的」（extra）人員。舉例來說，某些已經離職的
人員、或是某些已經搬遷的居民、甚至是某些已經過世的

人，都還被列於名單中；但是這些人對於你的調查加以回覆的機會可說是微乎其微。此外，在這種情況下你可能也無法獲得任何來自於郵局、或收件人的親戚、或是收件人本身的回訊，讓你知道那些人收到了這份問卷、而那些人根本就不可能收到這份調查表。因此，你將會把有限的資源又再次浪費於發送提醒信函給那些根本就不會對此調查做出回覆的人們身上（更別說是最初所寄發的信件了）。

除此之外，你的研究品質也可能會因此而受到影響。你在計算整體的回覆率時，由於有許多原本就不應該列入的人們也存在於分母之中，因此將會出現人為性的偏低結果。

處理這種問題的首要策略，就是要能夠掌握狀況、明察秋毫。你應該要和負責的人員先做溝通，以了解該名單的更新過程：該名單多久進行一次資料的更新？要將某人由名單中刪除時，是由誰採取主動？你也應該要了解如果這份名單變得過期的話，對於保有它的單位來說會造成何種的影響。對於上述的這些問題能有較深入的了解之後，將可以讓你防範於未然，並且也能掌握名單中各種瑕疵所可能帶來的影響程度。

另外一項對你所進行之研究能夠有所幫助的策略，就是先以試驗性的調查對該份名單的品質進行查核。如果你在信封上能夠加註「無法投遞時，請退回原發送人」，或是「請註明收件人之正確地址後退回原發送人」；你將能夠非常迅速地查出究竟有多少人已經不住在該名單中所列的地址處。你也可以在這項試驗性的調查中附上一張明信

片，其內容為「我無法參加你的這項調查，原因是……」；這項做法將可以讓你獲得相關的反饋資訊，以了解受訪者們為何無法配合你的這項研究，同時也可以將這些人排除在你的母群體之外。

造成一份名單過期的另一項因素，就是沒有將最近的增加者涵蓋於包括在該名單的母群體中。舉例來說，在最近才剛遷入該社區的某些人、或是最近才剛被某公司聘用的那些人，或許都還未被列入於該名單中。同樣地，要發現這種潛在瑕疵的直接方法就是先與負責整合該名單的人員進行討論；並了解該名單的更新周期：多久進行一次名單資料的更新？有時候該名單雖然會被持續地加以更新，但是卻剛好會在某些重要事件及進行修正之間，存在著一段空檔期。我所深刻了解的一個例子，就是人口統計部門多快才能對新生兒的記錄完成更新作業。父母在醫院裡填寫完出生證明資料後，由醫院將這份表格送到人口統計部門，然後再由工作人員將資料輸入，這份記錄才能夠被加入於電腦系統中。你只要想想看這整個過程經過多少步驟、以及其中所可能出現的任何不可預期之狀況或延誤之後，對於一個新生兒的資料要等到出生後三個月才能被加入於電腦系統中，也就不足為奇了。

切記：當你在研究中所使用到的母群體已有某一部分未被納入時，你的資料品質便會受到影響；通常來說，這些人在你的研究中很可能就是屬於必須被涵蓋在內的最重要部分。舉例來說，在我們剛才所提到的出生證明資料的例子裡，對於那些剛添了小寶寶的家庭來說，要取得最新

的資料時就會出現一段相當長的空檔期。

　　當你能夠確定某份名單在進行更新時所使用的方法，以及其中所潛伏的各種問題、爭論點、和可能出現的延誤之後，你就能事先規劃適當的策略克服這些疑難雜症。最佳的解決辦法便是盡量獲得一份完整的名單，或者是一份盡可能正確的名單。我曾經投入於某家企業的一項研究計畫，而我們由該公司人事部門所取得的職員名單，被告知為是「相當新的」資料。當我們開始進行該項研究，並發現到那些已過世的、退休的、以及留職停薪的人員都還被保留在該名冊中之後，我們才向該公司詢問某些應該在一開始時就要查清楚的問題。我們後來發現——該公司擁有兩份名冊；我們所取得的是人事部門所保管的名簿，而另一份則是由薪資部門所保管；我們還發現該公司所不餘遺力在進行資料更新的名簿，乃是薪資部門在使用的那一份。整個狀況至此可說是相當明顯：我們應該使用後者所保管的那份名冊代替手邊的這一份名冊才對。在這項研究中，我們當然也需要擁有那些被記載於人事部門名冊中的相關資訊（這也就是我們為何在剛開始的時候會使用這份名冊的原因）。理論上來說，最理想的做法應該是：我們同時取得這兩份名冊，然後將我們在人事名冊中所需要的相關資料加以轉移、並添加到薪資名冊中；這麼一來，我們就可以獲得一份現職人員的最新名單，以及他們目前的工作地點。

　　這種可能會同時有一份以上名冊的狀況，可說是隨處可見。舉例來說，各個市政府便會擁有許多份該市居民的

郵寄問卷調查

不同名冊——選舉人登記名冊、稅賦名冊、公職人員名冊、教職人員名冊等；而除了這些由市政府所保有的名冊之外，還有許多與該市居民相關的名簿，例如商業名簿（這是專供保險業務人員及不動產代理人所使用的），以及由電話公司、其他公用事業單位、車輛監理部門、還有其他團體等所蒐集編纂的各種名冊。在這些琳瑯滿目的名冊中，你所要做的工作應該是：確認這些名冊的可能來源，對它們的品質加以調查，然後再選擇其中的一種或數種的組合，以便讓它形成一份在你抽選樣本時能夠提供最新、最完整之資料的名單。

由於涵蓋範圍不足所導致的成見

在構成母群體的名單中，忽略掉某些人的這種情況（因此也會讓他們不存在於你的樣本中），被稱為一種「涵蓋範圍的問題」（coverage problem）；它會讓你的研究樣本無法與你原先所認定的母群體相配合。一般來說，這個問題會讓你的資料中出現一種成見。有時候，這項成見只是微不足道，因此不會對你的研究造成特別的問題；舉例來說，當你使用一份取自於車輛監理部門的名冊進行一項與酒後駕駛有關的研究時，就可能會忽略那些並未申請駕駛執照的人（假設我們在該份名冊中也擁有那些被吊銷駕照的子群體名單）。因此，我們在這項研究中就會忽略了那

些並未開車的人；但這並不會構成太大的困擾，尤其是當我們的重點只是想要獲得駕駛人的看法時。當然，我們也會忽略了那些無照駕駛的人，但這點也應該不至於造成太大的爭議。

不可諱言的，我們也會忽略那些持有其他州政府所核發之駕照的駕駛人。如果是在一個大學城裡，此類的駕駛人或許就會佔了不少的數量；而且這些駕駛人也可能會是在你研究中所特別感到興趣的一群。在這種情況下，當被忽略的群體佔有龐大的數量時，就會使你資料中所具有的潛在成見也隨之擴大。

現在就讓我門再來討論另一個例子，以了解一份不正確的名單所可能帶來的後遺症。如果你想要進行的研究是與青少年服用禁藥有關時，那你應該選用何種的名冊呢？由學校教務單位中來取得一份所有學生的名冊，乍聽之下似乎是個不錯的主意。但是，這種名單的缺點在於它無法提供那些中途輟學者的名單。很明顯地，當你要對青少年服用禁藥的習慣進行研究時，這些輟學者可說是一個相當重要的子群體，他們的行為對研究結果佔有舉足輕重的影響。我認為在學校的教務單位中，可能會有一份應該就學、但卻中途輟學者的名單；如果你能取得這種名單的話，將可以讓你原有名冊中的資料獲得補足。整個問題的關鍵在於：你必須先知道有那些人是被你所忽略的，然後你才能開始設法取得這些種類的補充資料，讓他們也能夠被涵蓋在你的樣本中。

在強調這一點的時候，我們可以了解：最有可能被排

除於某份名冊中的那些人，與目前存在於該名冊中的人們相較之下，在某種特性上必定有所差異。因此，你必須評估自己認爲這些人之間所存在的差異究竟會有多大的不同，以及將這些人排除在外時對你所進行研究的有效性究竟會有多大影響。將這些人排除在外時，很可能會造成影響深遠的瑕疵。如果真是如此，那你就必須想盡辦法取得品質更好的名冊；假如影響不大的話，那就不妨將這些人排除在你的研究之外。無論如何，你的責任應該是要能夠將自己所研究的母群體正確地敘述出來。就拿上述領有駕照之駕駛人的例子而言，我們不能說自己所進行的是一項有關於該州居民的研究，而只能說它是一項針對在該州內持有駕照之駕駛人所進行的研究。

針對特定人群與針對特定地址所做的抽樣

如果你的抽樣架構是一份由那些在某公司上班之人員、或是在某保健中心就診之病患、或是在某院校就讀之學生所構成的名單時，那麼你在選取樣本、以及寄發問卷調查表的時候，都是以個人爲對象，這點乃是無庸置疑的。在這種情況下，你多半都會假設當你獲得回收的問卷之後，其內容應該都是由你所選定的樣本進行填寫及回答的。

假如你所選定的樣本是以一個家庭爲單位的時候，那麼整個狀況就又完全不同了。首先，你必須決定自己進行

這項研究的意圖，是要以「人們」（people）或是「家庭」（households） 為對象。當然啦，縱使你的研究是以「家庭」為對象，填寫該份問卷調查表的還是某一個人；但問題的重點在於這種以家庭為對象的研究中，我們並不會介意是由該家庭的那一位成員填寫此問卷。假如是在一項以人們為對象的研究中，我們所希望的則是由該家庭中的某位特定人員完成這份調查表。

要達成這項目標的方法共有兩種。第一種策略就是指定由那一類型的人回答——例如：年紀最長的男性、丈夫、妻子、家庭中的家長、年紀最輕的成年人、最常使用到當地休閒娛樂設施的人等。在使用這項策略的時候，有兩種潛在的問題可能會出現：（a）你會依賴於該家庭中的某個人遵照你的指示作答，以及（b）你必須要有另一套備用的指示，以應付該家庭中並沒有你所指定之人員存在時的狀況。

另外一種策略則是以隨機的方式，由該家庭中選取一位成年人回答問卷。執行這項做法時最簡單的一種途徑，就是利用一項隨機指標（random indicator）要求該家庭中的成員履行這項指標；舉例來說，利用「由家庭中的所有成年人裡，生日最接近於今天的人來回答」作為隨機指標，也是一項簡單可行的方式。當然，在這種策略之下，你還是得依賴於該家庭中的成員會依據你的指示執行。

以加權方式處理各種回覆

在你所可能採用的抽樣決策中，有兩種方式會需要你來對自己的資料進行加權處理；以加權方式處理你的資料，也意味你會對某些回覆在計算時所使用的比重，要比其他回覆來得更高。當我們所使用的抽樣設計，會讓某些人比其他一些人有更大的機會被選入於樣本中時，就必須採用這種方式；藉由使用加權的方式做調整，我們可以讓每一個人都有「同等的機會」被抽選為樣本。

在抽樣決策中必須使用到加權處理的第一種例子，乃是當你在各個層級中使用不同的抽選比例後，所獲得的一個層級隨機樣本。假設在一項針對大專院校學生所進行的研究中，我們分別選取了 20%的大一新生及大二學生，但是大三及大四的學生則各佔了 30%。這種結構之下，在我們樣本中的大三及大四學生會比原先所預期的要多（在我們所要進行的分析中，有一些或許是只能由大三及大四的學生作答；因此只有在這種方式下，我們才能確保獲得足夠的回覆支持我們的各項分析目標）。假如我們所要進行的分析是為了敘述整體樣本的反應時（例如：全校學生對於第十項問題的答案是……），則上述結構所提供的資訊就會不夠正確；原因是由大三及大四學生所提供的答案，在整體的回答中所佔的權數過重。

為了要修正這項「瑕疵」，我們可能會需要增加大一新生及大二學生的表面上之數量，或者是將大三及大四學

生的表面上之數量做一減少，或者是將這兩種調整做一組合。當然，最簡單的方式就是增加某一群體的數量或是減少另一群體的數量；但是以統計的觀點而言，最正確的做法應該是將兩個群體都做一調整。如果我們想要增加大一與大二學生的比重、讓他們與大三及大四學生的比重相等時，那我們就必須將他們的答案乘以 1.5（由 30%的抽樣比例除以 20%後，所得到的數值）來做「加權」處理。當使用電腦作業時，我們便會提供一項將大一及大二學生之答案乘上 1.5 倍做計算的指示。有許多社會學家，通常都會利用各種的電腦程式（例如 SAS 與 SPSS）讓這項程序能夠更輕易地被執行。如果我們想要將兩個群體都加以調整的話，那麼就需要以 1.25 的因數來將大一與大二學生的權數加以提高（由 25%的平均抽選比例除上 20%的實際抽選比例後，所得到的數值）；同時要以 0.83 的因數來將大三與大四學生的權數加以降低（由 25%的平均抽選比例除上 30%的實際抽選比例後，所得到的數值）。

在抽樣決策中必須使用到加權處理的第二種例子，則是當你想要對一個由人們所構成的母群體進行研究時，你卻是先從某份名冊中以隨機的方式抽選許多家庭，然後再由每個家庭中要求某個人填寫你的問卷調查表。在這種情況下，當家庭成員的數目有所不同時，則人們被涵蓋在你樣本中的機率也就會有所差異。舉例來說，在一個只由兩人所組成的家庭中，其成員將有二分之一的機會被納入於你的樣本內（當然這個家庭必須是被你所選中者）；但是在一個由四人所組成的家庭裡，其成員要被納入你樣本中

的機會則只有四分之一而已。要彌補這種瑕疵的最簡單方法，就是再依據每一個家庭中符合資格的受訪者人數，對所獲得的答案進行加權處理；也就是說，由一個兩人家庭中所獲得的答案便以「2」來做加權，而得自於一個四人家庭的答案則以「4」來做加權。就統計上的觀點而言，我們在調整時所使用的較為正確之「權數」，應該是將每一個權數除以整體樣本的平均權數後所得到的一個數值。

當你想要藉由提出各種的統計數字——例如平均值（means）、百分比、或是比率——對你的母群體進行敘述時，如果你所使用的是一種不相等的選取機率的話，那麼你在選擇將要應用的加權程序時就必須特別小心謹慎；否則，你將無法正確地對你的母群體進行敘述。在另一方面而言，例如以相互關係（correlation）或迴歸（regression）等為目標的各種分析，通常就不需要對你的資料進行加權處理；因為你所調查的乃是以彼此間是否存在某種關聯性為主，而不是要對整個母群體進行敘述。在這些以追求關聯性為主的各種分析中，通常都不會使用不相等的選取機率；因此，它們也就不需要經過加權處理。

6

避免產生無回應誤差的基本原則

無回應誤差

　　縱使你所抽選的是一個數量龐大的隨機樣本，它也並不意味著你的資料是完全有效。除了先前所提到的抽樣誤差之外，另一種潛在的誤差來源就是現在所要討論的「無回應誤差」（nonresponse error）。這種誤差乃是肇因於無法由所選取的樣本中獲得 100%的回覆；事實上在那些提供回覆及未做任何回覆的受訪者之間，的確有差異存在。因此，這種誤差的大小在於未獲回應的比例有多少，以及未做出回覆與已回覆的受訪者之間存在多大的差異(Armstrong & Overton, 1977; Barnette, 1950; Baur, 1947; Biship, Hippler,

Schwartz & Stack, 1988; Blair, 1964; Blumberg, Fuller & Hare, 1974; Brennan & Hoek, 1992; Cambell, 1949; Champion & Sear, 1969; Clausen & Ford, 1947; Cox, Anderson & Fulcher, 1974; Daniel, 1975; Dillman, 1978; Donald, 1960; Eichner & Habermehl, 1981; Filion, 1975; Gannon, Northern & Carrol, 1971; Gough & Hall, 1977; Jones & Lang, 1980; Larson & Catton, 1959; Newman, 1962; Ognibene, 1970; Reuss, 1943; Suchman & McCandless, 1940）。

　　對任何調查研究來說，無回應誤差都是一項最大的障礙；尤其是對郵寄問卷調查而言，它更是一項風險相當高的問題。很不幸地，在許多的研究中，我們對於那些無回應的受訪者所抱持的看法或立場都所知甚少；正因為如此，我們對於資料的品質也就無可避免的會處於一種不確定的狀態之中。要解決這項困擾的唯一辦法，只有竭盡所能的提高問卷的回覆率（response rate）。如果你可以獲得一個相當高的回覆率，則那些無回應的受訪者——縱使他們有著截然不同的看法或立場——對你的母群體估計值所造成的衝擊，也就不會太大了。

　　那麼，到底要達到何種程度才算是一個較高的回覆率呢？如果能夠超過 85%以上，這項回覆率就算是相當傑出了。有許多的特殊狀況，都會對你所獲得的結果產生相當大的影響。一般來說，當回覆率能夠介於 70%到 85%之間，就已經被視為是相當出色的了。而介於 60%到 70%之間的回覆率，通常也都被認為是可以接受的；但是在這種情況下，你可能就會對那些沒有回覆之受訪者的特性，開始感

到有些忐忑不安了。假如你只能獲得 50%到 60%的回覆率，它或許還可以勉強被接受；但你這時就必須取得一些額外的資訊，讓你所獲得之資料的品質能夠在信賴係數上有所提升。以科學上的觀點而言，當回覆率低於 50%的時候，它則是無法讓人接受的；因為在這種情況下，樣本中的大多數都並未出現在你所獲得的結果之內。

除了要確保能夠獲得一個較高的回覆率之外，另外一個值得努力的方向就是：盡量獲得與那些未作答者有關的各種資訊，以讓你能夠將他們和作答者之間做一比較。有時候，從你用來選取樣本的原始名單中，就可以取得這種資訊。舉例來說，被市政府用來作為確認選舉人資格的登記名冊裡，就會包括了每個人的年齡、性別（你通常也都可以由他們的名字來判斷）、所從事的不同行業、行政上的管區或歸屬的選舉區、是否有登記投票、以及他們所加入的政黨（如果有登記投票的話）。藉著追蹤在你的原始樣本裡有那些人已做回覆、而那些人未做回覆之後，你就可以對這些人所具有的特性進行比較。

有時候，你可以由那些未作答者的身上取得少數的資訊，作為自己最初所蒐集資料的一種補充。你除了必須讓自己侷限於少數的幾項指標之外，也應該要讓受訪者能輕易回答；此外，你也可能需要提供某些種類的誘因給他們。當你在試圖蒐集資訊時究竟應該選用那些指標呢？最好是挑選那些非常容易回答、而且又會造成非常不同差異的問題結果有極大差異的各種問題。將那些能夠對你的樣本敘述出人口統計學方面之特性的各種問題，以及和你所研究

之中心議題有關的某些關鍵問題包含在內，乃是一項非常重要的原則。這種做法不但可以讓你針對關鍵性的概念方面，對未作答者與作答者進行直接比較；同時也可以讓你針對與人口統計之特性有關的任何問題，來對未作答者與作答者進行間接比較。在一項與喝酒有關的研究中，我們就請那些未作答者敘述出他們的年齡、性別、婚姻狀況、教育程度、目前的喝酒頻率（我們提供了許多的答案選項）、以及他們是否曾經有過酒精上癮方面的困擾。我們在寄送出只有一頁長短的問卷時，也附上了二美元，結果在這些原先並未對我們的研究做出任何回覆的受訪者中，我們的這項做法獲得了 50%的回覆率。

根據我們自己所做過的研究以及其他人的經驗（Baur, 1947; Campbell, 1949; Gannon et al., 1971; Gelb, 1975; Goodstadt, Chung, Kronitz & Cook, 1977; Ognibene, 1970; Peterson, 1975; Robins, 1963; Suchman, 1962），我們可以對那些未作答者的一般類型，獲得一項初步的輪廓。這些不會對問卷調查表做出任何回覆的人，通常來說都不外是教育程度較低、或年紀較大、或尚未成家、或是以男性為主，或者是具有某些的特性而讓他們感覺到自己與這項研究並沒有太大的瓜葛（例如：在一項針對喝酒的研究中，那些已經戒酒的人；在一項與交通安全有關的研究中，那些並未開車的人；或者是在一項有關轉讓抵押的研究中，那些低所得的人）。

這些類型的人們為何比較容易成為不做任何回應的群體，其原因可說是極易理解的。對教育程度較低的人來說，

問卷調查表的過程可能就已經讓他們退避三舍，或者是他們對於這些研究的價值根本就抱持相當低的評價。對年紀較大的人來說，他們除了在填寫問卷時可能會遇到困難之外，他們的教育程度平均來說也會比母群體中的其他人要偏低；而且他們對於該項研究的目的，也比較容易抱著疑神疑鬼的態度。對於尚未成家者或男性而言，他們或許會比較沒有時間填寫這份問卷調查表；而且和女性群體相較之下，男性群體在配合的意願上也可能會比較偏低。至於那些因為具有某些特性而感覺自己與這項研究並沒有太大瓜葛的人，可能會覺得他們的加入對整項研究來說應該是無足輕重，或者是對這些議題根本就不感興趣。

　　無回應誤差會以兩種途徑，對研究造成困擾，以下分別說明。第一，與大多數的人相較之下，如果那些未做回覆的人抱持著截然相異的看法、或是會出現迥然不同的行為時，將會使研究中所提出的母群體平均數（population average）產生誤差。它也會讓那些與未作答者具有相同感受的人數，被明顯地低估。因此，最根本的一項問題就是：這些未作答者會讓你對整個母群體產生錯誤的描述。至於這種偏差的程度會有多高，則是依據未獲回應的類型而有所不同；但不論如何，你的調查結果將會變得不夠正確，則是無庸置疑的事情。

　　縱使這些未作答者的看法並不會與已作答者之間有著太大的差異，但是過低的回覆率也會讓你的研究擺脫不了品質低劣的形象，並因而讓人們對你研究結果所應有的信賴感產生動搖。當你所進行的研究無法掌握到品質這項要

素時，它將會成為一項毫無用處或影響有限的研究。

　　我們先前已經提過，無回應誤差對郵寄問卷調查而言乃是一項主要的障礙。郵寄問卷調查之所以很容易受到無回應誤差的影響，理由其實很簡單：因為任何人都可以輕易地對這種郵寄問卷調查表置之不理。它不像是你必須當著某人面前讓他嘗到閉門羹，也不會和你必須掛斷一位喋喋不休的電話訪問者之電話那麼困難；事實上，你只要將它丟到垃圾筒裡就行了。此外，只要你不去填寫這份問卷調查表，那麼你也能夠成為一個未作答者。

　　在許多文獻中我們看到了各種不同程度的回覆率。然而，截至目前為止，則尚未見到那些具有讓人不忍足睹之回覆率的學術著作被發行問世。假如你所做的只是把一份問卷調查表裝入信封中、並要求收件人將它填寫完畢時，那麼你所能獲得的回覆率介於 20%左右，乃是稀鬆平常的結果；甚至於當你發現自己只能獲得 5%左右的回覆率時，也沒什麼好大驚小怪的。與我們先前所提到的要能讓資料產生足夠信賴度的 75%左右回覆率相較之下，這種結果顯然還相距甚遠。你究竟要怎麼做才能獲得較高的回覆率呢？它是否完全決定於你的運氣好壞，或是有某些神奇的方式可以讓你獲得成功？根據經驗顯示，要獲得讓人滿意的回覆率時，的確有一些特定的方法是你能夠、而且必須採行的。

如何獲得令人滿意的回覆率

對所有的郵寄問卷調查而言，我們有許多不同的方式可供使用，以確保能夠獲得令人滿意的回覆率。在本章中，我們將對這些方式逐一敘述；而在下一章中，我們還會介紹一些可以讓你用來進一步提高回覆率的其他技巧。

一封良好的回覆信函

由於大部分的郵寄問卷調查都是在沒有事先聯絡的情況下、以郵寄方式送達收件人的手中，因此這份回覆信函（respondent letter）必須肩負所有的工作——包括：對該項研究及相關的程序加以說明，以及提供受訪者參與這項研究的動機（Andreasen, 1970; Champion & Sear, 1969; Hornik, 1981; Houston & Nevin, 1977; Simon, 1967）。如何提供一份好的回覆信函以促使受訪者回函，乃是件非常重要之事。在這份信函中，有許多的構成要素乃是缺一不可的；而且還有許多的事項，是你在進行敘述時所必須確定的。

1. 這封信函的內容不可過於冗長，最好控制在一頁的範圍內。

2. 使用專門設計的信紙表頭，讓收件人可以很清楚地了解這份問卷調查表是由何人所寄出，以及它的贊助機構是誰。避免只有表示出該項研究的名稱（例如：家庭保健

研究）；應該要將從事研究的機構或隸屬大學的名稱也顯示出來。

3.　將如何與你聯絡的方式明確地顯示出來，以便受訪者有任何疑問的時候可以主動與你聯繫。你必須提供一位聯絡人員的姓名，以及電話號碼；你或許可以提供一個「080」的免付費電話號碼，或註明以「對方付費」的方式聯絡。

4.　在該信的第一段中，你應該要提供某種「引人之處」，以鼓勵受訪者繼續看完整封信。舉例來說，在一項與警務人員強制執行禁賭政策有關的研究中，我們一開始就提到：「我們很希望能夠佔用你十分鐘的時間，以取得你在專業經驗上的精華！」至於在一項針對某企業所進行的有關於禁酒政策的研究中，我們則會以「許多人都對工作場所中的酗酒問題感到相當關切」作為該信的起頭。

5.　必須告訴受訪者，這項研究為什麼會相當重要，以及這些資訊可能會如何被加以運用。一般來說，受訪者只會想要參與那些他們認為重要及有用的事項，以及那些他們覺得會與自己的生活有著某些關聯的事務。

6.　你必須說明有那些人被邀請並參與這項調查，以及你是如何取得他們的姓名及地址。

7.　你必須說明這是一項保密性的調查、或是一項匿名性的調查（這兩者是不同的），同時你也必須說明將以何種方法達到這種保密性及匿名性。

8.　你必須提到是否參加這項研究純粹是依據個人意願，但

也別忘了將參與研究的重要性強調出來。

9. 你必須讓受訪者明確地了解如何將問卷調查表送回給你。

10. 你必須確定自己所寫的這封信，不論是在字體、版面、複印品質、以及遣詞用語方面，都是簡明易懂的。

只要在繕寫回覆信函的時候能遵循上述的這些建議，你就能讓自己的研究獲得一個良好的開始。

回函郵資

要想獲得令人滿意的回覆率，你必須提供受訪者一個已寫好相關資料的回函信封，並且提供他們回函郵資，這點可說是無庸置疑的（Armstrong & Lusk, 1987; Brook, 1978; Gullahorn & Gullahorn, 1963; Harris & Guffey, 1978; Kernan, 1971; Kimball, 1961; McCrohan & Lowe, 1981; Peterson, 1975; Vocino, 1977; Yammarino, Skinner & Childers, 1991）。在回函郵資方面，你可以有兩種不同的選擇：你可以在回函信封上貼好郵票，或者是使用商業回函信封。在回函信封上貼好郵資的做法，可以讓受訪者產生一種微妙的無形壓力，促使他們將問卷調查表寄回給你，這樣「才不會浪費了那些郵資」。相對地，你所可能面臨的風險就是如果他們不將問卷調查表寄回的話，你就會「浪費」了這些未被使用到的郵資成本。

利用商業回函信封則是一種較具效率的方法，因為郵

局只會向你收取那些已被寄回的問卷調查表的相關郵資。在使用這種方法時，你必須先在郵局開立一個帳戶，而且在信封的設計方面也有嚴格的相關規定；但是對受訪者來說，這種商業回函信封的郵寄過程則會較爲簡便。

在下一章中，我們將探討不同種類的郵資，會如何對你所獲得的回覆率造成影響。

保密性 / 匿名性

如果受訪者知道自己所提供的答案會被保密、而不會直接讓其他人知道這些答案是來自於他們的時候，通常都會比較願意對問卷做出回覆（Boek & Lade, 1963; Bradt, 1955; Childers & Skinner, 1985; Cox et al., 1974; Fuller, 1974; Futrell & Hise, 1982; Futrell & Swan, 1977; Kerin & Peterson, 1977; McDaniel & Jackson, 1981; Pearlin, 1961; Rosen, 1960; Wildman, 1977）。就維持保密性而言，有許多相當直接的方法可以採用。

第一，不要直接將任何的姓名或地址置於問卷調查表中；可以使用某些種類的代碼來替代。對於這些代表姓名或住址的代碼，可以分別加以保管，同時確信除了研究人員外，任何人都無法取得這些資料。

第二，當問卷調查表回收之後，不要擺在公開的地方讓其他無關人員能夠隨便翻閱。應該將它們保存在檔案櫃裡，而且當你不在附近的時候，要將該檔案櫃鎖好；如果要離開辦公室的話，更應該將大門鎖上。

第三，不可向你的同事、朋友或家人透露來自於任何一份問卷調查表中的答案。

　　第四，不可將這些資料在各種報告或文件中提出，而讓讀者能夠想出究竟是那些人所提供的答案。這個意思有時候是說由他們所實際置身的群體中，將那些與其他人具有某些不同特性的個人加以描述出來；有時候則是指不要提出與人數相當稀少之群體有關的此類資訊。舉例來說，在一份提供給某企業的報告中，你不可以針對只由三位副總裁所構成的群體，而提出「在高級管理階層中，有三分之二的人考慮要在明年更換工作」之類的資料。在你提供給某些群體——例如是公司企業、學校、或是醫院之類——的資料中，除非事先已有明確的協定，否則在報告中就不應該提到任何其子群體的名稱。

　　至於維持匿名性則是與維持保密性截然不同。就保密性而言，你已經明確地知道某份問卷調查表是由何人所填寫，然後你承諾絕不會將這些資訊洩露給不屬於研究小組中的其他任何人員。就匿名性而言，即使是研究員也不知道某份問卷是由何人所填寫的；因為當你在寄出這些問卷調查表的時候，並不會在上面加註任何的代碼。在這種情況下，你的問卷調查表與你所持有的樣本之間，可說是毫無任何的聯繫存在。

　　就邏輯推論而言，那些能夠提供真正匿名性的研究（在問卷調查表上不加註任何的確認號碼），與那些只能提供保密性的研究（提出一項絕不會洩露出去的承諾）相較之下，前者應該能夠獲得較佳的回覆率才對。但截至目前為

止，所有的研究都還無法明確地證明前者會有此種的優勢（Andreasen, 1970; Boek & Lade, 1963; Bradt, 1955; Mason, Dressel & Bain, 1961; Pearlin, 1961; Rosen, 1960; Scott, 1961）。或許是因為這其中的差別對受訪者來說太過於專業，而使他們無法了解；或許是因為受訪者認為你既然有辦法將問卷調查表寄到他們手中，只要你想查出某份問卷是由誰填寫的時候，你也一定可以辦得到。還有些受訪者更抱持著一種冷嘲熱諷式的論調，他們認為「研究人員只要將某些人口統計學上的特性結合在一起之後，就可以判斷出那份問卷是由我所填寫的；因此，他們對於匿名性的承諾，根本就和保密性的承諾沒什麼兩樣」。最後的一種原因則是有許多的調查並不會對受訪者造成任何的傷害或影響，因此受訪者根本就不介意自己對於這些主題的看法是否會被其他的人知道。總而言之，如果你能做到的話，最好還是提供具有匿名性的問卷；理由很簡單——因為並無任何的證據顯示這種匿名性的承諾會產生較差的回覆率。縱使你所獲得的資料是屬於匿名性的，你仍然必須遵守上述的某些程序；例如當問卷調查表被回收之後，不要擺在公開的地方而讓那些充滿好奇心的其他無關人員能夠隨便翻閱；以及不可將這些資料在各種報告或文件中提出，而讓人們知道究竟是那些小群體的受訪者所提供的答案。

提醒信函

在想要產生較高的回覆率時，最重要的技巧之一種，

就是寄發提醒信函了（Denton, Tsai & Chevrette, 1988; Dillman, Carpenter, Christenson & Brooks, 1974; Eckland, 1965; Etzel & Walker, 1974; Filion, 1976; Ford & Zeisel, 1949; Furse, Stewart & Rados, 1981; House, Gerber & McMichael, 1977; Jones & Lang, 1980; Kanuk & Berenson, 1975; Kephart & Bressler, 1958; Linsky, 1975; Yammarino et al., 1991）。即使是在最佳的情況下，如果根本就未曾寄發任何提醒信函的話，在回覆率方面勢必無法達到令人滿意的程度。事實上，寄發許多次的提醒信函乃是相當重要的一件事，而掌握提醒信函的寄發時機也是不可掉以輕心的事情。

　　如果能夠謹慎地對每天所回收的問卷加以追蹤，應該可以發現一種相當有趣的型態。當寄出問卷調查表之後，在頭幾天可能無法獲得任何的回覆；這種情況是相當合理的，因爲郵寄問卷的寄送需要時間，受訪者在填寫問卷時又要浪費一點時間，然後將回函寄出之後又得花上幾天的時間才能到達你的手中（如果你是使用商業回函信封的話，事實上還得多花上幾天的時間）。當你將問卷調查表寄出之後，大約五至七天的時間，就會開始收到一些回函；然後在稍後的幾天中，會獲得許多的回覆，且在回函的數量上會呈現與日俱增的狀況。大約在寄出該問卷的十天之後，整個回函的情況會出現持平的狀態；而到了大約第十四天的時候，回覆的情況就會呈現明顯的下滑。

　　這種回覆率陡降的現象，正代表著一種訊號：最初所寄發出去的信件中具有的任何促使受訪者回函的影響力，現在都已經淡化了。截至目前爲止尚未寄回問卷調查表的

那些受訪者，現在可能都已經忘記了這回事、或者是將該份問卷誤放在抽屜內的成堆文件中。所以，大約是問卷寄出後的第十四天，應該要開始計畫將第一次的提醒信函寄發給那些尚未回覆的受訪者。

當寄出提醒信函之後，我們可以看到相同的回覆型態又再次出現：頭幾天是音訊全無，再過來便是以每日劇增的型態收到來自各方的回函，然後則是整個的回覆狀況以急轉直下的趨勢降低，這時大約是寄出第二次信件（第一次提醒信函）後的第十四天了。

關於這種回覆型態，另一項相當有趣的現象則是：不論你在第一波時所得到的回覆率是多少（例如 40%），你在第二波動作中所能獲得的回覆率通常都只會是它的一半而已（例如 20%）。在圖 6.1 中便對這種型態做了相當清楚的描述。該表中所述的，乃是將與工作有關的喝酒政策及問題之問卷調查表，寄發給六家不同公司的管理人員、並請其各自針對自己的工作場所表示看法之後，所獲得的回覆率。各位可以發現，整體的回覆率可說是相當出色（每一家公司都超過了 80%），而且當我們在每一次寄發提醒信函之後所獲得的回覆率，大約都是前一次寄送時所獲得回覆率的一半。

照這種情況來看，由於我先前建議各位所要追求的回覆率至少是達到 75%以上，因此在你的計畫中就要涵蓋至少四次的寄發信函；也就是寄送最初的問卷調查表，以及後續的三次提醒信函。在這四次的寄送之間，每次的間隔大約是兩星期左右。採用這種做法時，所獲得的回覆率型

態大約會如後述：40%+20%+10%+5%=75%；也就是說，完成整個過程大概要花上八到九星期的時間——因爲在寄出最後一次的提醒信函之後，必須預留大約兩星期的時間來讓回函送抵回來。如果寄送提醒信函的時間要比兩星期的階段還早時，也無法加快整個的回覆率；它只不過是催促讓那些可能會做答覆的受訪者作答罷了。

如果將寄送兩次或三次提醒信函的期間再予延長的話（基於節省郵資的考慮），就產生一個良好的回覆率而言，這並不是一種有效的做法。因爲寄發提醒信函的時間差距一旦拉得過長時，受訪者很可能就忘了還有這項調查，而會使你無法對那些未作答者建立起一種催促的動力。這時，你所寄出的每一份提醒信函都會讓那些人重新開始再次思考是否要加入這項調查。

在前述的型態中還有另一件相當有趣的事：回覆率的高低及寄發提醒信函的次數，與選定樣本的整體大小並無任何牽連。不論樣本是由兩百或兩萬個人所構成，你都必須遵循相同的程序；唯一的差別只是當你的樣本群體較大時，你必須要有較多的同事協助你寄發與整理每一個回合中的信函。

那麼在寄送每一次的信件時，裡面又該放些什麼呢？是否每次的內容都與第一次寄出的信函完全相同呢？答案絕對是否定的。在寄發第一次及第三次信函的時候，其內容應涵蓋整份的相關資料（回覆信函、問卷調查表、回函信封）。但是在第二次及第四次的時候，只要寄發一張名信片或提醒信函就可以了。

回覆率（%）

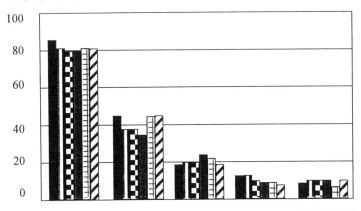

	總計	第一回合	第二回合	第三回合	第四回合
公司 ■	86	47	19	13	8
公司 ▥	82	38	20	14	10
公司 ▨	80	38	20	11	10
公司 ▦	81	36	26	9	10
公司 ⊞	83	46	22	9	6
公司 ▧	83	48	18	7	10

圖 6.1　六家不同公司在各個問卷調查表寄送回合中的回覆率

　　在這四次的寄送中所寫給受訪者的信函，每次所針對
的議題都應該要有些微的不同。在第一次的信函內，所陳
述的內容應該要相當詳細，並且涵蓋了所有的基本事項。
在第二次的信函內，要表現地相當溫和有善，例如「如果
您尚未將問卷調查表寄回的話，我們希望這封信能讓您盡
快撥冗將其擲回給我們；我們也誠摯地期盼能夠盡早收到
您的寶貴意見。」在第三次的信函內，則要強調會對所有
的回覆都維持其保密性，以及一個良好的回覆率在試圖將
各方面的看法彙總提出時所扮演的重要性；同時也要強調

隨信再附上另一份的問卷調查表，以便受訪者如果不慎遺失了第一份問卷時仍可以繼續作答。第四次的信函則算是「最後通牒」，可設定一個截止期限，並鼓勵受訪者將手中的問卷調查表寄回，以便讓這些受訪者的看法可以在該項研究中被表達出來。

如果所採用的是一種承諾保密性的做法時，那麼你可以藉由在調查表格上賦予一個代碼、對所收回的問卷調查表進行追蹤；然後只要再將提醒信函寄發給那些尚未將問卷調查表寄回的受訪者即可。這項做法可以節省你在郵資、印刷、以及供應品方面的費用，而且也可以讓那些已經將調查表寄回的受訪者，不會因為再次收到提醒信函而受到打擾或感到困惑。

如果所採用的是一種提供受訪者匿名性的做法時，那後續的步驟就會比較複雜。由於並不清楚那些人已經將問卷調查表寄回、而那些人則是尚未回覆，因此在寄發提醒信函的時候，將會有兩種替代性的策略可供選擇。第一種方法就是將提醒信函寄發給所有的受訪者，並且在每封信中都不忘加上一句「如果你已經將問卷調查表寄回，則不必理會此信；在此並對你的協助致上誠摯謝意」。你在信中也可以用另一種方式表達：「由於這是一項匿名性的調查，因此我們無法確認你是否已經將問卷調查表寄回給我們；這便是我們再次針對所有受訪者發出提醒信函的原因。」就個人而言，我並不青睞這種策略，其原因如下：（a）它對郵資、各種供應品、以及所有的資源來說，都是一種相當浪費的做法；（b）當那些已經將問卷調查表寄回

的受訪者再三地收到這種提醒信函時，心中難免會感到不悅；（c）它會讓受訪者感到困惑，有時候甚至會擔心自己寄出的問卷調查表在郵寄途中遺失了，因此他們可能會再填寫第二份的問卷並將它寄回給你；這種結果是我們所不樂於見到的，但事實上又無法將其過濾出來，因為根本就不知道那些問卷是同一位受訪者所寄出來的第二份答覆；（d）它會讓你在提醒信函中所應發揮的催促力量大為降低，因為在你的遣詞用語中有一部分是要向那些已做回覆的受訪者致歉，而使你無法將焦點放在那些尚未做出回應的受訪者身上。

我個人所青睞的是第二種策略，我將它稱做「明信片式提醒策略」（reminder postcard strategy）。這項策略可以讓你立即完成兩件事情：可以讓受訪者已寄回的問卷調查表維持完全的匿名性，同時也能讓你知道那些人已將問卷寄回、那些人則尚未回覆；如此一來，你就可以只針對那些尚未做出回覆的受訪者寄發後續的提醒信函。這項策略的做法是：隨著提醒信函附上一份郵資已付的回郵明信片，並在明信片上註明受訪者的確認代碼或個人姓名（或者是兩者都註明）；你在信中可以明白地告訴受訪者如果他們將這張明信片寄回的話，就表示不再需要收到任何的提醒信函；你也必須告訴他們應該將這張明信片與問卷調查表分開寄回。藉著使用這種方式，你就不必在問卷調查表上加註任何的確認資訊，而依舊可以知道那些人已將問卷寄回。圖 6.2 中所示，便是此類型明信片的一種例子。

在這種做法之下，研究人員所最關切的事情就是：「如

果受訪者只是將明信片寄回、但並未把問卷調查表寄回的話，那又該如何是好？……」

乍聽之下，這的確是一個防不勝防而又讓人頭痛的問題；但根據經驗顯示，結果完全不是這麼一回事。所回收的問卷調查表，在數量上通常都會高於所收到的明信片。因為在已經做出回覆的受訪者中，有些人會忘了將明信片寄出，有些人是將明信片弄丟了，有些人則是故意不寄回明信片以確保他們自己的匿名性。抱著最後一種心態的那些受訪者，反而會希望再次收到提醒信函，以確認他們的匿名性獲得保障。感謝老天爺，還好那些抱持這種心態的受訪者為數並不多（大約是 5%左右）；否則這種方法勢必無法達到它原先的目標——在維持匿名性的同時，也能夠提供有關於那些人已做回覆的資訊。

當你無法負擔後續的追蹤費用時應如何處理

研究人員之所以會選擇郵寄問卷調查的方式，大部分的情況都是因為預算有限；因此先前所提到的進行四次信函發送之建議，可能就會與預算上的限制有所衝突。此外，研究人員或許也會面臨到時間上的壓力，迫使他們必須盡快獲得調查結果；因此他們也可能會覺得沒有足夠的時間進行四次的信函發送。

寄回此明信片之目的，乃是爲了讓你知道本人已
將填妥之問卷調查表寄回，並請不必再寄發任何
的提醒信函給本人。

受訪者的姓名標籤
及
受訪者代碼

你對於此項調查所做的所有回答均會以匿名
方式處理，因爲我們在問卷調查表中並未加註任何
的姓名或確認代碼。在你將填妥的問卷調查表寄回
給我們的同時，也請將信中所附的明信片分開寄
回。這將讓我們能夠確定你不再需要任何的提醒信
函，同時也可以維持你的匿名性。謹致上你對本研
究案之協助的誠摯謝意。

圖 6.2　在回覆信函中所使用的明信片及相關用語之舉例

　　由於上述的這些束縛，很可能會使研究人員身不由己
地踏入一項陷阱中：在進行調查設計的時候，其訴求就是
以能夠獲得一個數量龐大的樣本群體，而且除了第一次的
問卷寄發之外、不再發送任何的提醒信函爲導向；而其問
卷的回覆率也僅設定在 30%至 40%之間而已。由於樣本群
體相當龐大，因此他們會認爲所回收的問卷調查表在數量

上已足夠他們進行分析所需。這些研究人員在獲得一千份的回收問卷之後，就會覺得心滿意足；因為根據抽樣誤差的公式，在一個數量為一千的樣本中所產生的抽樣誤差，其數值會相當小。在這種觀念中最重要的一項謬誤就是：在回覆率同樣是僅有 30%的情況下，當所回收的問卷調查表數量較多時，它的有效性應該要比問卷回收數量較少的情形為佳。很不幸地，在這兩種情況下所產生的調查結果都可說是不具任何有效性；因為我們實在是無法大言不慚地說：這 30%受訪者的意見就能夠正確地代表了整個母群體的看法。

因此整個問題的重點就在於：對那些身受預算及時間限制之苦的研究人員來說，他們應該如何處理這些相互衝突的壓力呢？我所建議的退一步方法，就是只對整體樣本中的某個隨機子群體採行這些後續的追蹤動作。這種方式究竟可以達到那些作用呢？它可以提供你一項途徑，讓你了解在這個回覆率相當低的所有受訪者中，對於你的研究中所要測定的所有變數，究竟會與一個「實際的」隨機子群體之間存在著多大的差異；而且在寄送提醒信函的花費上，也不會和必須寄送給每一位受訪者般那樣龐大。

在執行這項做法的時候，你必須先將原始的樣本區分為兩個子群體：其中一個子群體（假定是兩者中較大的）將被指定為僅收到較少的提醒信函（為了節省金錢及時間），另一個子群體（假定是兩者中較小的）則是會以先前所述的完整過程進行處理。你必須在自己所使用的代碼上對這兩個子群體加以區分，以便讓你可以：（a）對這兩

個子群體所獲得的不同回覆率進行追蹤記錄，以及（b）對這兩個子群體的資料分別進行分析。

當你準備好開始進行分析時，你必須對來自於回覆率較低之子群體的答案、與來自於回覆率較高之子群體的答案進行比較。此時，你當然希望在這兩個子群體之間並沒有任何不同，或者是只存在一些無足輕重的差異。如果你的比較結果確實是如此的話，那你就可以充滿信心地將來自於較低回覆率之子群體的資料提出來，並且相信縱然你所獲得的是一個偏低的回覆率，但它對整個樣本來說已具有足夠的「代表性」。換句話說，在這種情況下受訪者是否對你的問卷加以回覆，已經與他們對你所提出問題的答案沒有任何的牽連；我們將未作答者的看法與已作答者的看法視為相同。

如果你的比較結果出現差異的話，事情就會比較棘手了；你要如何處理這種狀況，則會決定於這些差異的程度究竟有多大。如果在回覆率較低之子群體與回覆率較高之子群體間，只存在著極少數明顯的差異時，最簡單的解決方法就是將這少數幾項的特性，根據回覆率較高之子群體的調查資料做陳述。舉例來說，假如在回覆率較高之子群體與回覆率較低之子群體中的男性比例存在明顯的差異時，你在敘述母群體的性別分配時，就應該以來自於回覆率較高之子群體的調查結果為依據。

但是，你如果發現到在這個被低估的子群體中，他們對於其他的問題又有不同的答案時，那麼你就必須再進行額外的修正。可採行的一種方法就是針對這些其他問題的

答案，將你對高估及低估之子群體（例如依據男性及女性來做區別）的調查結果分別提出。另外一種策略則是強迫你的資料反映出男性與女性的「正確」比例（對於你所提出的其他問題來說，你也可以提出將男性與女性經過正確比例混合後所獲得的答案）。在採行這種做法的時候，你必須將所獲得的資料經過加權處理，讓被低估的子群體能夠回復到它在整個樣本中所應佔有的正確比例。這種過程乃是「假設」不論是否對問卷進行回覆的男性，他們對於問題的答案都會一致；因此你唯一要進行調整的只是男性在總樣本中的比例而已。

由於你在一個較小的子群體中已獲得完整的資訊，因此當你在藉著對回覆率較低之子群體與回覆率較高之子群體中的男性答案進行比較來測試這項假設時，事實上已經站在一種良好的立足點上。如果兩者的答案相類似時，那麼這項假設就可以成立。

假如在回覆率較低之子群體與回覆率較高之子群體間的答案，會在許多方面都存在差異時，那你的麻煩就大了。因為這就已經明白地顯示出你的回覆樣本並不是一個具有代表性的子群體。這時，你可能就必須再低聲下氣地嘗試募集額外的足夠資金，以便讓你能將提醒信函發送給樣本中未做答覆的其他受訪者。而最糟糕的狀況則是：你或許會在明知道這些回覆並不具有足夠代表性的情況下，仍試圖將這份漏洞重重的報告公布出來。

問卷調查表的篇幅長短

當你所寄發的是一份篇幅較短的問卷調查表時，它所能獲得的回覆率通常都會高於篇幅較長者，這點幾乎是無庸置疑的事情。雖然在理論上的確是如此，但是在實際處理的時候就有些複雜了；因為我們在篇幅的長短之間，並無明確的區別點可作為依據。我們無法肯定當一份十二頁的問卷調查表可以獲得差強人意的回覆率時，而一份十三頁的調查表就辦不到。雖然已有許多的研究都是針對此項議題而發，但由於有許多讓人混淆不清的因素攙雜其中，因此研究的結果仍是眾說紛紜（Berdie, 1973; Burchell & Marsh, 1992; Champion & Sear, 1969; Childers & Ferrell, 1979; Lockhart, 1991; Mason et al., 1961; Roscoe, Lang & Sheth, 1975; Scott, 1961）。

在具有爭議性的混淆點中，一部分是有關於我們係以何種基礎測定問卷調查表的篇幅長度。我們所說的是指問卷中的問題數量，或是針對問卷的頁數多寡，或者是這兩者的合併考慮？（將同樣的三十個問題放在三頁及六頁的篇幅中，給人的感覺可能就會完全不同）另外一個讓人混淆的因素則是：不同長短篇幅的問卷調查表，可能會在吸引程度或是重要性方面，讓受訪者產生不同的認知。事實上，一份篇幅較長的問卷調查表很可能會讓人感到興趣較高或覺得較為重要；因為它與那些較為粗略草率的問卷相較之下，對於某一主題的陳述會更為清楚明瞭。縱使是利用一項以方法論為基礎的研究測試不同長短篇幅的問卷調

查表所帶來的影響時，也無法對於此類因素在回覆率方面究竟扮演何種程度的角色，獲致一項「肯定的結論」。在許多的研究中，都曾殫精竭慮地試圖控制這些爭論議題，對不同長短篇幅的問卷調查表進行比較；然而事實上所發現的結果卻並非想像中那麼具有差異性。舉例來說，在由 Adams 及 Gale（1982）所進行的一項研究中，就針對篇幅分別為一頁、三頁及五頁的調查表加以比較；他們發現在一頁與三頁的調查表中，其回覆率並沒有任何差別，而發現在五頁的調查表中所獲得的回覆率會比較偏低。

此外，要藉由一連串的研究結果歸納出一項結論，事實上有其困難之處；因為在每個研究中所涵蓋的主題、樣本大小、提醒信函的處理程序等，都會有所不同。在由 Heberlein 及 Baumgartner（1978）所進行的一項規模龐大的檢視中，縱然它涵蓋了九十八種方法論的研究，卻依然無法在篇幅的長短與整體的回覆之間，發現任何具有說服力的關聯性。

根據以上所述，我們應該可以獲得一項結論：對於回覆率的高低而言，篇幅的長短並非是主要的決定因素。不論你的問卷調查表篇幅如何，其他一些設計上的因素才是影響能否獲得一個出色之回覆率的重要原因。雖然如此，我還是相信在一種特定的設計下，篇幅較短的問卷調查表平均來說應該要比篇幅較長者更能獲得較佳的回覆率。

根據我個人的經驗，我認為所有的研究人員真正應該注意的重點是：對於該研究來說具有重要性的所有構成要素，設計出一份能夠有效地針對這些要素進行詢問的調查

表。你應該要避免問些與主題無關的問題；避免問那些重複性的問題；以及避免只是想要了解在各種議題中所存在的某些微不足道的差異，而去問一連串不必要的冗長問題（舉例來說，當你詢問受訪者在診所的候診室中所必須等待的實際時間之後，又問他們在進入診療室後要等多久醫生才會進行看診，又問他們整體而言所必須等待的時間有多長，然後又問他們對於這種等待時間的滿意度如何）。此外，還有一些與問題的提出及排列有關的重要議題，它們也會影響到受訪者對於該份問卷調查表在篇幅長短方面的認知；我們將在下一章中對這些議題再做深入探討。

清楚明瞭的指示

另外一項會影響到受訪者對難易度方面的認知、並進而影響回覆率的因素，便是回答問題的各種指示——它們原本就是屬於問卷調查表中的一部分——是否清楚明瞭。如果你所提供的問卷形式相當複雜、或是容易使人混淆不清、或者各種指示有錯誤的時候，當你發現到它會對受訪者造成挫折感、並因此而讓該份問卷的回覆率相當偏低時，也就沒什麼好大驚小怪了。

各種的指示應該要正確、簡明、而且清晰易辨。此外，你也可以利用各種不同的輔助形式——例如粗體字、或是框狀表示、或是以箭頭指示——提供這些補充用途的書面指引，以幫助受訪者能夠輕易地配合各項指示。圖 6.3 中所述，便是一個試圖讓各種指示清楚明瞭的例子。主要目的

被敘述於該頁的最上方，跳答的指示則是以大寫字體被明列於問題 1 中的第 9 選項及第 10 選項內，而對於「喝酒」的定義則是以框狀內容表示於問題 2 中。此外，它也有助於讓那些具有圖形配合概念的人們，對你問卷調查表的版面布置進行審視；我們將在第 8 章中對這些議題再做更深入的探討。

回覆的動機

我們在本章中針對產生較高回覆率的各種技巧進行討論時，都已經大略提到了各種不同的回覆動機。

雖然如此，我相信再對這些動機方面的型態做更明確的說明，絕對是會有助於各位的；因為當你在選擇應該使用何種的適切技巧時，就可以將這些動機列入考慮，以一種能夠促使受訪者決定參與該項研究的角度，設計出相關的問卷程序。

人們通常都不會想要把自己的時間花費在那些毫無用處、瑣然無趣、或是讓人痛苦不堪的事情上。如果人們認為自己所參與的某項研究將會達成某些有用的事情時，那他們就會因此而獲得遵循各種指示並完成該份調查表的動機。要創造出這種讓受訪者覺得有所用處的主要工具，就在於你所寄出的回覆信函上。通常來說，你在這份信函中只會有一段或兩段的內容是針對此項目的而設；因此你就可以了解到在這簡短的幾段話中傳達出畫龍點睛之意，是多重要的事情了。在你能夠達到讓受訪者認同某項調查將

會如何對他們的生活造成直接的影響之前，你必須先有效地說服他們接受一項觀念：完成這份問卷調查表乃是一種相當重要的過程。

要想讓受訪者對你的問卷調查表感到興趣，這會與你所選定的詢問主題有著某些關聯；同時它也會決定於你如何將各種的問題加以組合，以及使用何種的格式及順序提出這些問題。進行預調及對遣詞用語再三審視，將有助於讓你所設計的這些問題都能夠針對你所需要的各種資訊而發，並且也能讓受訪者更容易了解整體的關聯性。採取預先調查的做法，也能夠讓你獲得價值不斐的反饋，發掘有那些問題在格式上會使人們產生疑問或混淆。當發現有任何的瑕疵之後，你應該採取必要措施改變問題的格式，以便讓受訪者能夠毫無困難地回答你的這份調查表。在你的問卷調查表中，如果所有的問題都能以合乎邏輯的順序排列、並且將相關的議題彙集在某個子群體之中的話，則這種整體性的流程也能夠讓它看起來更具有吸引力。要想達到這項目標是沒有任何捷徑的；最好的方法便是依據預先調查時所獲得的反應，找出其中的所有瑕疵，再逐一將其改進或修正。

如果受訪者覺得這項調查對他們而言是件痛苦不堪的事情時——不論是立即感覺到填寫這份問卷是一種讓人不悅的經驗，或是擔心因爲完成了這份問卷之後將會對自己造成某些不利的後遺症——那他們將不會有任何意願填寫這份問卷調查表，這原本就是人之常情。對於解決那種立即性的不悅感覺而言，清楚明瞭的問題及合乎邏輯的流程

都是非常有效的方法；而使用正確的文法及語意明確的辭彙來陳述問題，也有助於減低受訪者這種立即性的不悅感覺。

　　至於在保障受訪者免於受到延遲性的後遺症這方面，謹守你所提出的保密性或匿名性之承諾，乃是最根本的一種做法。至於所有的資料將會如何被加以分析及提出報告，你也絕不可掉以輕心；唯有如此，你才能確保不會對任何的受訪者造成傷害。基本上，你在提出資料的時候應該是以大多數人所構成的群體為主，而且要謹慎地將各種與機構名稱有關的資料都加以掩飾。舉例來說，你在報告中如果提到「在 1 月 1 日以後加入該健身俱樂部的所有受訪者，都異口同聲地對該俱樂部的管理大肆抨擊。」如果你是以這種方式對調查的結果提出報告，那你根本就是違背了當初對受訪者所做出的保密性承諾。

　　與受訪者是否會參與一項郵寄問卷調查有關的各種議題中，你必須謹記在心的最後一件事情就是：在受訪者的各種日常活動中，填寫這份問卷調查表的重要性在他們設定的優先順序名單裡或許排名相當後面。在人們的生活中，可能還有許多其他的事情要比填寫這份問卷來得更為重要或更為迫切。正因為如此，所以我們才一再強調規劃出一項包括適時寄送出提醒信函、以便讓受訪者感受到催促力量的過程所具備的重要性；唯有如此，你才能讓受訪者在百忙中提筆填妥這份問卷調查表，並將它寄回給你。

個人背景特性

　　本份問卷調查表之研究目的，僅是為了能對來自於不同群體之管理者／監督者的答案進行比較。所有的相關資料絕不會被洩露給任何人，而且絕不會讓任何受訪者的身分有被其他人辨識之機會。

1. 請回想你在過去三十天中所有的喝酒記錄，並回答你在飲用任何啤酒、酒類或是烈酒方面的頻率？

   A. 每天喝三次或三次以上。
   B. 每天喝兩次。
   C. 每天喝一次。
   D. 幾乎是每天喝（每星期中有五天或六天會喝酒）。
   E. 每星期中有二天至四天會喝酒。
   F. 每星期喝一次。
   G. 每個月裡有三天會喝酒。
   H. 每個月裡有一天或兩天會喝酒。
   I. 在上個月裡都不曾喝過酒，但我本身會喝酒（跳答問題5）。
   J. 在上個月裡都不曾喝過酒，因為我不會喝酒（跳答問題5）。

2. 在過去的三十天中，在任何一天內，你最多曾喝過多少的酒？

   A. 1 杯酒。
   B. 2 杯酒。
   C. 3 杯酒。
   D. 4 杯酒。
   E. 5 杯酒。
   F. 6 杯酒。
   G. 7 杯酒。
   H. 8 杯酒。
   I. 9 杯酒。
   J. 10 杯或 10 杯以上的酒。

圖 6.3　有關各種指示之形式的例子——酒精攝取量方面的問卷調查表

3. 在過去的三十天中，以你曾喝過酒的某一天為代表，你在一天中大約都會喝掉多少的酒？

「一杯酒」的定義是：
- 12 盎司容量的罐裝或瓶裝啤酒，或是；
- 4 盎司的其他酒類，或是；
- 12 盎司的含酒精類冷飲，或是；
- 1 盎司的烈酒或調酒，不論是單獨喝或是與其他飲料混合

A. 1 杯酒。
B. 2 杯酒。
C. 3 杯酒。
D. 4 杯酒。
E. 5 杯酒。
F. 6 杯酒。
G. 7 杯酒。
H. 8 杯或 8 杯以上的酒。

4. 在過去的三十天中，你有多少天是喝了上述那些數量的酒？

A. 1 天。
B. 2 天或 3 天。
C. 3 天至 7 天。
D. 8 天至 13 天。
E. 14 天至 21 天。
F. 超過 21 天。

5. 就你的喝酒型態而言，在過去的三年內與三年以前相較之下，是否有任何的不同？

A. 喝得更多。
B. 喝得較少。
C. 沒有改變。

———
12
———

續圖 6.3 有關各種指示之形式的例子——酒精攝取量方面的問卷調查表

7

降低無回應誤差的其他方法

　　本章中我們將要討論某些你可以運用的策略，來降低調查中的無回應誤差，提高調查中的回覆率。有許多的策略都是你可以善加利用的，且目標應該是盡可能使用越多種的策略越好。此外，我們也要對某些概念進行探討；因為它們在某些情況之下已被證實能夠帶來不錯的效果，但在其他的場合中卻又毫無用武之地。很明顯地，你必須做的事情就是要判斷在自己所身處的特定狀況中，這些策略究竟是否能夠對你有所幫助。

誘因

　　除了後續追蹤的提醒信函之外，在能夠改善回覆率的

其他各種技巧中，效果最爲宏大的就是採用誘因的方式了。雖然如此，根據各項研究所顯示出來的結果仍讓我們大感驚訝；因爲當我們所提供給受訪者的誘因方式有所不同時，其結果也會出現相當程度的差異。提供誘因的邏輯理論相當簡單——重賞之下必有勇夫；明白地告訴受訪者，只要他們將填寫完畢的問卷調查表寄回，就可以獲得某些回饋。唯一的差別只在於我們應該提供什麼獎勵給受訪者，以及在什麼時機提供最爲恰當。

理論上來說，一般人都會認爲你應該是在受訪者寄回問卷調查表之後，再將這項獎勵寄給他們；但是在你最初所寄發的回覆信函中，當然要讓受訪者知道這種狀況，並且承諾這是一項彼此間的協議。因爲有了這項提供獎勵的承諾，將會使更多的受訪者產生參與這項調查的動機。不可諱言的，受訪者也會對你所提供的獎勵項目加以評估；有些時候，他們還會認爲這些東西根本就不具有任何的誘因價值。使用這種策略的缺點在於：受訪者所收到的乃是一份遲來的獎勵；他們在表現出「良好的」配合行爲之後，或許要等上好幾個星期才能得到這些獎勵。

另外一種可以考慮的做法，就是將這些獎勵事先提供給受訪者；將它們隨著首次的問卷調查表一同寄出，期待受訪者會因此而願意參與此項調查。這種做法的好處在於它所帶來的衝擊是立即性的；受訪者能夠馬上就獲得這項獎勵。我們絕對不可低估了這種隱喻式協定所能帶來的動機力量，一般的受訪者都會認爲：「他們已經給了我這項獎勵，因此我最好是完成自己應該填寫這份問卷調查表的

責任；否則的話，我在這項協議中就未能善盡應盡的義務。」而這種做法的缺點（它涵蓋了財務面及道德面）在於有些人會收下這份獎勵，但卻不做出任何的回應。由於具有這種潛在的風險，因此當你要採行這項策略時，應該要先對你必須提供的這項獎勵的最低價值仔細地琢磨一番，如此才能夠達到你所預期的目標。

金錢的獎勵

最簡單而直接的獎勵，就是提供受訪者一筆金錢。在許多的學術性研究及調查中，均已證明當你提供金錢的獎勵給受訪者時，將可讓你的回覆率獲得改善（Armstrong, 1975; Brennan, Hoek & Astridge, 1991; Church, 1993; Donmeyer, 1988; Duncan, 1979; Fox, Crask & Kim, 1988; Friedman & San Augustine, 1979; Heberlein & Baumgartner, 1978; Hopkins & Gullickson, 1992; Huck & Gleason, 1974; Kanuk & Berenson, 1975; Linsky, 1975; Scott, 1961; Yammarino, Skinner & Childers, 1991; Yu & Cooper, 1983）。此外，由此類的研究中也可以明顯地看出：預付式的金錢獎勵肯定會比承諾式的金錢獎勵要來得更為有效（Blumberg, Fuller & Hare, 1974; Cox, 1976; Hancock, 1940; O'Keefe & Homer, 1987; Schewe & Cournoyer, 1976; Wotruba, 1966）。就效果上而言，承諾式的金錢獎勵（promised monetary rewards）與不給予任何獎勵的這兩種方式，由各種相關研究所獲得的結論可說是眾說紛紜，甚至相互矛盾；但已有為數不少的研究結果都已

證明：承諾式的金錢獎勵雖然在效果上不如預付式的金錢獎勵（prepaid monerary rewards）那麼宏大，但的確有其效益存在（Yu & Cooper, 1983）。

在這些研究中最令人訝異的一項結果是：縱使你所提供的獎勵金額相當龐大，但卻無法保證一定可以在回覆率方面獲得相當的改善。根據文獻中的許多研究報告顯示，你所提供的金錢獎勵只要有兩毛五美元或五毛美元，就可以獲得讓人刮目相看的反饋！但是大部分的這些研究都是在十五至二十年以前進行的；因此，當你在使用來自於這些研究中的結果時，以插補法將貨幣的面值調整為「目前的」現值，乃是相當重要的一件事。在由 Hopkins 與 Gullickson（1992）所進行的一項再調查中，他們將這些面值調整為1990 年的貨幣淨值後，仍然發現到低於五毛美元的獎勵也可以讓回覆率獲得相當的改善。

至於在提高獎勵的金額之後是否能夠讓整體的回覆率獲得更佳的改善，這個問題到目前為止都還沒有人可以做出肯定的答覆。就我們所了解的，截至目前為止在大部分已被執行的試驗中，用來測試這種影響效果時所使用的獎勵金額都低於一美元；因此，在試圖對金額較高的獎勵誘因究竟會在效果上造成何種程度的差異做一綜合歸納時，我們所能獲得的研究結果仍是相當有限。在先前提到的由 Hopkins 與 Gullickson（1992）所進行的那項再調查中，的確證明了與「無誘因」（no incnetive）的控制方法相較之下，當我們所提供的誘因價值較高時，在回覆率的改善百分比上的確會出現增加；但是回覆率最高的子群體所被提

供的則是在二美元或更高的獎勵金額，而且僅在其中的八項研究裡是呈現此種現象。

至於我們究竟是應該提供高金額的獎勵（例如五美元）或是較低金額的獎勵（例如一美元），有一項很重要的觀念就是：對於這種提供給受訪者的獎勵，我們到底是以何種心態看待它的真正涵義。在這種小額的金錢之下，人們很明顯地並不會將它視為是一種基於公平市場交易下、用來換取其時間所支付的報酬。當受訪者必須花費二十分鐘的時間才能填妥該份問卷時，縱使你所提供的是一美元的獎勵，折算之後也不過是僅有三美元的時薪罷了。因此，人們應該要從另一個觀點解讀這種獎勵的意義；有一種看法則是：它僅代表一種象徵性的意義而已，被當作是研究人員對受訪者充分信賴或是「信任基礎」的一項表徵（Dillman, 1978）。而受訪者則會認為這些研究人員相當體貼，以提供這些誘因表現出他們對受訪者的感謝；因此而產生配合該項調查的動機，並以填寫該份問卷調查表作為回報。

如果是根據這種觀點的話，那麼當你提供例如五美元的高額獎勵時，所可能造成的問題是：它看起來會有些像是在公平市場的交易下，以這筆金額作為換取受訪者時間所支付的報酬了。舉例來說，以五美元的獎勵交換一份需要二十分鐘才能填妥的問卷調查表，折算之後相當於是十五美元的時薪。在這種情形下，這項獎勵看起來就如同是一筆真正的交易了（雖然它的時間相當短暫）；而受訪者這時可能就會考慮「對方目前提供我這項工作，我是否要接受呢？」答案或許會是否定的。因此，這種相當耐人尋

味的問題就會出現：當你提供的獎勵金額越高時，受訪者將其視為是一項工作的自由裁量權就會越大，並且也會更不受約束地拒絕接受這項工作。

另外還有一種心理學上的理論——人們將其稱為「認知的不一致理論」（cognitive dissonance theory），對於較高金額的獎勵為何不見得會比較低金額的獎勵來得更為有效，則提供了一種稍具不同見解的闡釋。根據這項理論所述，當研究人員所提供的金額較高時，可能會讓受訪者認為這項研究中暗藏著某些玄機，所以才需要以如此高額的獎勵誘使人們填寫此份問卷；當人們存有這種看法之後，即使他們收下了這筆金額，也不見得會參與這項調查。此時，金額較小的獎勵反而能以相反的形式發揮其效果，讓受訪者覺得這是一項重要的研究，而願意支持並參與其中（Hackler & Bourgette, 1973）。

為了將這項理論與實際狀況做一印證，有少數的研究乃採用較大金額的獎勵作為誘因；結果顯示採用高獎勵金額與那些獎勵金額較小的研究相較下，這些採用高獎勵金額者可獲得較佳的回覆率(Hoplins & Gullickson, 1992; James & Bolstein, 1992; Yu & Cooper, 1983）。根據文獻所載，特別是當調查的對象是以專業人士——尤其是醫生——為主時，都會以提供較高金額的獎勵作為誘因。被使用的獎勵金額從二十美元、二十五美元及五十美元不等（Godwin, 1979）；在這不同的狀況下，我們發現使用高獎勵金額者所獲得的回覆率也會較高（Berry & Kanouse, 1987）。此外，根據我們由最近所做的一項與喝酒及工作有關的正式研究

中所獲得的經驗，我們對其中的某家公司以五美元的獎勵金額作為誘因；結果我們所得到的回覆率竟高達 82%。

關於各種金錢式的誘因及我們對它的期望效果而言，最後一點值得注意的是：有效性的關鍵乃是在於營造一種氣氛，以便讓受訪者不得不參與此項調查；而這種預付式的金錢獎勵，與其說是一種詭譎的技巧，不如說它是一種能讓人獲得窩心感覺的方式。

而運用「抽獎式」的架構來提供贈品，則是由金錢獎勵之概念所衍生出來的另一種形式。這種方法應該是屬於「承諾式獎勵」的範疇，但在本質上卻更具迂迴性。受訪者被提供一個可以獲得「大獎」的「機會」，當然，他們相對的另一種機會則是一無所獲。由於採用這種方式的研究案件相當有限，因此我們還是面臨同樣的老問題——無法對它的有效性做出肯定的歸納結論（Hopkins & Gullickson, 1992; Gajraj, Faria & Dickinson, 1990; Lorenzi, Friedmann & Paolillo, 1988）。這種概念所隱含的邏輯理論是：那種具有抽中大獎的機會，將會成為受訪者填寫該份問卷調查表的主要誘因，因為他們唯有如此才能符合參加抽獎的資格。如果你希望受訪者能在某個特定截止日之前將問卷調查表寄回的話，這種方式通常也都能夠發揮不錯的效果。

假如你想要使用這種方式的話，匿名性則是你必須面對的另一項問題；你是要維持受訪者的匿名性，或是乾脆不做出這種承諾呢？為了要能夠抽出中獎者、並將贈品發出去，你勢必要知道每一份被寄回之問卷調查表的填寫人姓名及地址；在某些情況下，由於這種方式所導致的缺乏

匿名性之保障，很可能會削弱了此項誘因所應該帶來的效果。對於這種左右為難的窘境而言，我們在前一章中所所討論過的「明信片」策略，就是一種頗為理想的解決方案。受訪者可以將問卷調查表以匿名的方式寄回，而在另外寄回的明信片上則會有他們的姓名及住址。為了要符合參加抽獎的資格，受訪者就必須將明信片寄回。

可能有許多人都會發出同樣的疑問：對於某些心術不正的受訪者來說，他們會想到只要將明信片寄回後就可以取得抽獎的資格，而根本就不需要填寫問卷調查表。在這種情況下，事實上你也無法去分辨出他們是否真的已經將問卷調查表寄回。理論上來說，當你所提供的「贈品」越具有吸引力時，產生這種欺騙行為的動機似乎也就會越大；但事實上，受訪者似乎並不會這麼做。根據我最近使用這種方式的經驗顯示，在寄發給跨越數郡的十二個不同公司的問卷調查表中，雖然我對每家公司都分別提出三份獎額高達兩百五十美元的現金抽獎，但我們所收到的明信片在數量上還是要比回覆的問卷來得少。

非金錢的獎勵

除了金錢之外，我們當然也可以使用其他的東西提供給受訪者的獎勵（Brennan, 1958; Furse & Stewart, 1982; Hansen, 1980; Nederhof, 1983）。可以使用、曾經被使用過的贈品種類可說是包羅萬象——例如原子筆、茶杯、電影入場券等等。提供受訪者這種「贈品」的邏輯基礎，與先

前所述的提供象徵性的小額現金相當類似。它的用意只不過是要讓受訪者了解：你衷心感激他們所做的配合，並以這項小禮物表達你對他們的謝意。同樣地，在使用這種方法時，你要考慮的問題會與金錢的獎勵如出一轍：你究竟是應該隨問卷調查表提供一份「預付式的」禮物，或是提供一種在回收問卷後才寄出的「承諾式的」贈品（Brennan, 1958; Pucel, Nelson & Wheeler, 1971）。

至於在使用預付式或承諾式的禮物時，兩者之間究竟會對回覆率造成何種的差異，截至目前為止並沒有太多的研究是以此議題而發；但一般人都會假設它的效果應該是與金錢的獎勵具有相同的模式，亦即預付式的禮物可能會產生較佳的效果。此外，至於這些贈品的「價值」高低究竟會對整體回覆率產生種影響，到目前為止以這方面為主的相關研究也相當罕見。就某種程度而言，受訪者對許多種類的贈品，在其價值的概念上並非相當明確；而且受訪者對於該份贈品在個人認知上的價值，也有可能會遠超過它本身的實際成本。上述的這些情況並非不可能，因為受訪者可能會對某種贈品的價格一無所知，也可能是因為你在大宗採購時可以獲得極佳的折扣。採用這種方法的時候，電影的入場券應該是一種極佳的選擇；因為正常情況下它的售價大約是七美元，但你的取得成本可能只需要四美元就夠了。

其他的誘因

有時候研究人員可能會提供其他的誘因給受訪者，鼓勵他們對問卷做出回覆（Dommeyer, 1985; Hubbard & Little, 1988）。只要受訪者認為你所提供的這些誘因對他們來說是具有價值的話，那麼你所獲得的回覆率勢必也可以獲得改善。我最近有個機會參與了一項有關於營養攝取量的調查研究，受訪者除了要填寫一份簡短的問卷調查表之外，研究人員甚至還要求他們剪下一片腳趾甲，隨著問卷一起寄回！在這項調查中所提供的誘因則是：受訪者被告知只要他們將問卷調查表寄回之後，研究人員便會根據他們的回答及附上的腳趾甲切片，提供他們一份與個人飲食有關的詳細營養分析報告。在這項僅發出一次提醒信函的研究中，回覆率竟高達 70%！

另外一種讓人感到興趣的誘因，則是當受訪者寄回問卷調查表之後，研究單位便會以受訪者的姓名提供一筆捐助金給慈善機構（Robertson & Bellenger, 1978）。很明顯地，人們對於這種慈善行為的認知價值究竟如何，也可能會對這項做法的有效性造成影響。在使用這種策略時，可以根據個人為基礎、或者是以群體為基礎。在以個人為基礎運用這項策略時，可以使用每個回覆者的姓名提撥一筆固定的金額（例如五美元）給慈善機構；你可以直接指定某些特定的慈善機構，也可以讓受訪者在這些機構中做一選擇，或是請受訪者提出他們自己的建議。至於以群體為基礎運用這項策略時，則是在該樣本的回覆率達到某個特定的標

準之後（例如 70%），便由研究單位提供一筆金額較大的捐助金給某個慈善機構。在我最近針對某些工廠所進行的研究中，便將這種群體性的策略應用於其中的兩家工廠，並提供一筆七百五十美元的慈善捐助金作為誘因；結果我們得自於這兩家工廠的回覆率分別是 68% 及 78%。

各種誘因與提醒信函

既然我們對各種誘因及提醒信函的優點都已經大肆宣揚，隨之而來的問題是：是否應該要利用各種的誘因來取代提醒信函。這項問題的答案應該要由許多不同的觀點作考量，例如：最後所獲得的回覆率，成本的效益，以及回覆時的速度。在一項由 James 及 Bolstein（1990）所進行的研究中，便針對這項議題提供了某些相關資訊。在他們的這項研究中，所使用的問卷調查表總篇幅為四頁，並提供了數種不同金額的誘因（沒有金錢獎勵、兩毛五美元、五毛美元、一美元以及二美元），然後再以合計達四次的寄發次數對每一種情況的回覆率進行追蹤。結果顯示：回覆率最高的情況係發生於兩種方式的組合——寄發次數為四次及使用二美元的預付式金錢獎勵；而這種策略在成本上也是最為昂貴的。如果所使用的是寄發次數為兩次及二美元的金錢獎勵之組合，或者是寄發次數為四次但沒有金錢獎勵的組合時，所獲得的回覆率也還算令人滿意（雖然這個回覆率會比前述的組合方法要稍低）。與提供誘因的策略相較之下，那些不提供任何誘因的策略當然會在成本上

有所節省；但相對地，它在整個階段中所要花費的時間則會較長。如果在時間與金錢兩者之間，時間是主要的限制因素時，則利用誘因的方式應該可以讓你省下一些時間；反之，如果金錢是主要的限制因素時，那麼規劃一項多次寄送但不提供任何誘因的調查，或許是你最佳的選擇。如果你是以獲得高水準的回覆率為主要目標時，那就應該將多次寄送及提供誘因這兩種策略一同使用。

其他的各種方法

除了提醒信函及各種誘因之外，還有一些其他的方法也已經被證明能夠對改善回覆率有所幫助。其中有些方法可以提供前後一致的改善，而有些方法則是只能在某些狀況中才能發揮改善的效果。

預先通知

由提醒信函策略所衍生而出的另一種讓人感到興趣之方式，就是在將問卷調查表寄達受訪者手中之前，預先通知他們；這種做法在意義上有點像是在調查進行之前所發出的提醒信函。基本上，它是一種以信件或電話方式所做的聯繫，用來「提醒」受訪者他們已被挑選參與某項調查，並希望他們注意在未來一、兩個星期內所將收到的問卷調

查表。對受訪者來說，這項預先通知所帶來的衝擊，通常會和收到一封提醒信函沒什麼兩樣（Allen, Schewe & Wijk, 1980; Brunner & Carroll, 1969; Ford, 1967; Furse, Stewart & Raos, 1981; Heaton, 1965; Jolson, 1977; Kerin & Peterson, 1977; Myers & Haug, 1969; Parsons & Medford, 1972; Schegelmilch & Diamantopoulos, 1991; Stafford, 1966; Walker & Burdick, 1977; Wynn & McDaniel, 1985; Yammarino et al., 1991）。

這項程序可以提供一種途徑，縮短在該項調查中由發出第一封信件以至於寄出最後一次提醒信函時的整個期間。在你寄出正式問卷調查表之前的幾個星期，藉由寄出這份預先通知信函，將可以為你在回收的進度表上「節省」兩個星期左右。你可以在開始印製問卷調查表的同時，就將這份預先通知寄發出去。

回函郵資

由你來支付回函郵資後可以讓回覆率獲得提高，這點幾乎是毫無爭議的事情。或許正因為這種做法是廣受大家所認同的，所以也就沒有太多的研究是針對此項議題的肯定性而發；而在少數以此項議題為訴求的研究中，所得到的結論也充分地肯定了它的效果（Armstrong & Lusk, 1987; Blumberg et al., 1974; Ferris, 1951; Harris & Guffey, 1978; McCrohan & Lowe, 1981; Price, 1950; Yammarino et al., 1991）。

至於以回函信封上所貼附之郵資種類爲訴求的研究，在數量上就顯得比較多了。一般可供使用的選擇方式，包括有免貼郵資的商業回函信封、或是在回函信封上貼附郵票。使用商業回函信封的優點，在於你只需要支付那些實際被擲回的問卷調查表之郵資即可。但要附帶說明的是：在使用這種方法的時候，郵局會因爲提供此項服務而向你收取一點額外的費用，每份被寄回之問卷調查表大概要加付七分美元左右。當你在與其他郵資策略的成本進行比較時，這項「額外的」成本也必須列入考慮。而這種方式的缺點，乃是在其外觀上具有較高的非個人性之特質。

　　至於將郵票貼附在回函信封上的這種做法，似乎在回覆率方面可以造成些微提高（Brook, 1978; Jones & Linda, 1978; Kimball, 1961; Watson, 1965）。產生這種結果的原因，應該是受訪者不希望由於自己未將問卷調查表寄回而「浪費」了這張郵票；而且他們也還不至於沒有水準到將這張郵票撕下來佔爲己有並作爲其他用途。此外，有某些研究也顯示出當你所使用的是相當具有紀念意味的郵票時，也會比使用一般的郵票更會獲得些許的好處（Henley, 1976; Jones & Linda, 1978; Martin & McConnell, 1970）。使用這種方式的最大缺點，便是在成本的支出。你不僅要「支付」那些可能到最後並未被使用到的郵資，而且還要花下時間及金錢購買這些郵票、將它們的背膠沾濕（郵局目前已針對某些特定面額發行自黏式郵票）、然後再逐一貼到所有的回函信封上。

已付郵資

在已付郵資的種類上，常見的各種選擇包括有郵票、或是使用郵資機（postage meter）所處理的郵資已付郵寄問卷（metered mail）。在一些過去研究中，曾顯示出將郵票——特別是具有紀念意味的郵票——貼附於發出的信封上時，會獲得些微的好處（Blumenfeld, 1973; Dillman, 1972; Hopkins & Podolak, 1983; Kernan, 1971; McCrohan & Lowe, 1981; Peterson, 1975; Vocino, 1977）。對於造成這種差異的說法是：如果在信封上貼有郵票的話，受訪者比較不會將它視為一份「垃圾郵寄問卷」（junk mail），因此也會真正地將該份問卷調查表拆閱。至於使用郵票的缺點，仍然和前述的情況相同——在將它們貼附於信封上時，會造成的額外成本。

在郵資方面，我們還有第三種選擇；它是一般慣稱的「特等郵資已付郵戳」（first class indicia）。這種郵寄問卷除了使用郵資已付的第一種郵寄問卷外，其餘都和商業回函信封如出一轍。你在所寄發的信封上，印上自己的帳號並加註一項特等聲明；而郵局則會追蹤記錄你所寄發的所有信件，並由你預先開立的帳戶中將郵資金額扣除。對於寄送你的問卷調查表來說，這是一種最為節省人力的方式；但它或許也會面臨到與郵資已付郵寄問卷相同的困擾：受訪者可能會將它與一般的「垃圾郵寄問卷」混為一談。

也有一些研究是針對使用額外郵資（premium postage）——例如限時專送（special delivery）、隔日送達的快遞服

務等——進行寄送時的效益為訴求，並對其加以評估。根據研究顯示，使用這種類型的郵資時，的確有其優勢存在；但是它的成本實在太高了，因此許多人都不認為這是一種可行的做法（Clausen & Ford, 1947; Kephart & Bressler, 1958）。這種特殊性的郵資，大部分都是在寄送最後一次的提醒信函時才會被使用；因為在這個階段中，你所寄發的對象至少已經被縮小到樣本中的某一特定部分而已。

研究的發起者

我們先前已經提到過，受訪者對那些他們認為較重要或較具知名度的調查，比較有可能會做出回覆（Doob, Freedman & Carlsmith, 1973; Houston & Nevin, 1977; Jones & Lang, 1980; Jones & Linda, 1978; Peterson, 1975; Roether, 1963; Watson, 1965）。正因為如此，他們對於那些由政府機構或知名大學所發起的調查，做出回覆的機會也會較高（Houston & Nevin, 1977; Jones & Lang, 1980; Jones & Linda, 1978; Peterson, 1975）。此外，如果這些調查是使用知名大學或政府機構的信紙所發出時，縱然它是一項對受訪者推銷不動產或保險的計畫，他們可能也會毫不以為忤。

問卷調查表的用色

根據一些研究的結果顯示，問卷調查表的封面顏色也會對回覆率造成影響（Gullahorn & Gullahorn, 1963; Pressley

& Tullar, 1977; Pucel et al., 1971）。對於這種影響的說法則是：除了白色之外的其他顏色，會使得該份問卷調查表在受訪者的桌上顯得較爲突出；因此受訪者也就比較不會將它亂放、或者是忘了處理。針對白色而言，較常被列入測試的顏色一般都是綠色；而除了綠色之外，其他的色系則較少被研究人員進行廣泛的測試。

可列入考慮的其他方法

除了以上所述之外，還有許多其他的方法雖然尚未被證實能夠對回覆率提供前後一致的改善，但這些方法有時候的確能產生衝擊性的效果。然而讓人遺憾的是：截至目前爲止，我們仍然無法明確地知道這些方法在何時可以產生正面的效果，而何時又會毫無作用。因此在使用這些方法的時候，它的風險性也會較高——至少從想要獲得肯定之正面效果的角度來看，它們的確是如此。但就整體而言，使用這些方法並不至於造成什麼傷害。

訴求的型態

當你在繕寫回覆信函時，必定會有一段內容是向受訪者敘述他們爲何要參與這項調查的原因；就這方面而言，你可以採用許多種不同的方式達到目的。你可以使用科學

上的方式，例如「除非每個人都能夠配合此項調查，否則我們的樣本將無法達到充分的代表性」；你也可以使用利己的方式，例如「這就是為什麼在參與這項調查後，能夠為你帶來好處」；你還可以使用社會效益的方式，例如「這項調查對整個社會來說，乃是相當重要而影響深遠的。」不論你所使用的方式為何，目前尚無任何研究結果可以肯定證明孰優孰劣（Bachman, 1987; Childers, Pride & Ferrell, 1980; Hendrick, Borden, Giesen, Murray & Seyfried, 1972; Houston & Nevin, 1977; Yammarino et al., 1991; Yu & Cooper, 1983）。

人格化

另一種關係密切的方法便是人格化，你可以在寄給受訪者的信件起頭部分，使用收件人的姓名取代較具匿名性的稱謂（例如：親愛的波士頓市民），也可以在信件上親自簽名。但是對於改善回覆率而言，並沒有任何的研究顯示出這兩種方式可以發揮前後一致的效果（Andreasen, 1970; Carpenter, 1975; Dillman & Frey, 1974; Frazier & Bird, 1958; Houston & Jefferson, 1975; Kawash & Aleamoni, 1971; Kerin & Peterson, 1977; Kimball, 1961; Rucker, Hughes, Thompson, Harrison & Vanderlip, 1984; Simon, 1967; Weilbacher & Walsh, 1952）。有些學者甚至評論說，將問卷調查加以人格化的做法只會產生適得其反的效果；因為你反而讓受訪者更加警覺到你對他的姓名瞭如指掌的這項事實。

截止期限

有些人認為提供受訪者一個答覆該份問卷調查表的截止期限，對於回覆率來說會有所幫助。這種說法係基於以下的假設：受訪者會盡力在截止期限到達之前，將該份問卷填妥並寄回，而不至於將它擱置一旁，到最後就忘了這回事。但是，當你也將提醒信函併入使用時，這種截止期限的做法就會變得有些複雜。舉例來說，你總不能在告訴受訪者「從現在開始起算，回覆的截止期限為兩星期」之後，到時又寄出一份提醒信函給未作答者，信中又提到「麻煩你撥冗回覆該份問卷，我們將再給你兩星期的時間」吧！從另一方面來看，你也不至於想要將截止期限定在八個星期以後，因為這麼做根本就毫無意義，無法產生任何的刺激作用。

在那些針對採用截止期限所進行的研究中，並未顯示出這種做法能對最後的回覆率產生任何特定的好處；唯一能夠被證實的，只是問卷的回收速度會稍微加快一點罷了（Futrell & Hise, 1982; Henley, 1976; Kanuk & Berenson, 1975; Linsky, 1975; Nevin & Ford, 1976; Roberts, McCrory & Forthofer, 1978; Vocino, 1977）。我個人在這方面的建議是：使用較具彈性的截止期限，並讓它所提供的資訊能夠與後續的提醒信函並行不悖；例如「煩請撥冗填妥該份問卷，並在下星期之內寄回給我們，那我們就不需要再發送任何的提醒信函給閣下了。」

8

美觀（審美學）與良好管理的重要性

　　在本章中，我們將提出一些能夠讓一項郵寄問卷調查由「良好的」結果轉變為「傑出的」結果的相關議題。在這些構成要素中，有許多是乍看之下毫不起眼或微不足道，但它們卻都能非常有效地使整個研究變得更有效率；並進而影響到該項研究工作的整體有效性，成本的節約控制，以及資料品質的改善。這些相關議題可歸納為兩大範疇：管理上的議題，以及美觀（審美學）方面的議題。

管理

　　在郵寄問卷調查的過程中，由於它並不像面談式的調查一樣，會牽扯到必須對執行的人員加以雇用、訓練以及

監督，因此有許多的研究人員有時候就會忽略了對整個研究過程進行管理的重要性。在相關的管理中，有三個領域是我們必須謹慎為之的：設計一份良好的進度表、結合一項良好的品管制度，以及界定各種的角色。

進度表

　　擁有一份清楚、明確、而且是書面形式的進度表，對於你在管理郵寄問卷調查的整個過程上，將可以發揮無可言喻的幫助。這份進度表可以讓你了解應該如何對這項郵寄問卷調查的各個部分進行整合——就好像是對拼圖進行組合一般，並以適時的方法完成這項研究計畫。藉由這份進度表，你也可以預期到會有那些問題出現，而讓你不至於手忙腳亂地急著完成某個特定步驟；它同時也扮演著一種核對名簿的角色，讓你不至於遺漏了某些事情。

　　在編製一份進度表之前，你必須先確認事實上郵寄問卷調查研究案是由許多獨立的過程組合構成的。這些過程包括：抽樣程序、問卷調查表的開發、其他資料的開發、問卷調查表（與其他資料）的印製、資料蒐集的階段，以及編碼與資料輸入的過程。

　　每個人在編製進度表時，都有其各自的不同偏好。有些人青睞由結尾開始——也就是應該產生結果的時間，然後再往前推演至起始的日期。這種做法的假設基礎是：能夠用來處理這項研究的時間是固定的，所以就必須將這段固定期間內的時間妥善地分配到這項研究的所有階段中。

由於各個組成階段都會被分配到一部分的時間，因此那些具有固定期間的階段就會被優先列入於進度表中。舉例來說，當你決定好要寄發幾次的提醒信函、以及在每次的提醒信函之間打算等待多久的時間之後，資料蒐集的期間才能夠被加以確定。如果你選擇寄發一次的最初郵寄問卷及總數達三次的提醒信函、而每次寄發的時間差爲兩星期之後，則整個資料的蒐集過程便需要花費八至九星期。

另外一個常見的固定期間則是：對於你所要求的問卷調查表之份數，印刷廠需要花費多久的時間才能夠將其印製完成；這段期間應該是由你將底稿提供給印刷廠的日期起算，直到對方將印好的問卷調查表送到你手中爲止。

在使用這種方法編製你的進度表時，你接著要做的就是將剩餘的時間分配到該項研究的其他階段中。無可避免地，某些階段在時間的分配上將會顯得捉襟見肘。你可能會發現到自己只有兩星期的時間開發你的問卷調查表；或者是發現到在回收最後一份的問卷調查表之後，能夠用來進行編碼、分析、以及繕寫報告的時間，竟然只剩下三個星期而已。

要處理這種時間不足的方法之一，就是在你的進度表中，讓許多不同階段的職能產生相互重疊的現象。舉例來說，你在抽選樣本的同時，也可以對你的問卷調查表進行開發；此外，即使問卷調查表還在陸續回收的時候，你就可以開始著手進行編碼及資料輸入的過程了。

另一種編製進度表的方法，就是由該項計畫的起頭開始；然後再根據你預估的需要時間，將時間分配到每個不

同的階段中。同樣的，就某些階段而言，你可以相當確定它們大概要花費多少的時間；至於其他一些階段，可能就需要某些較具專業性的估算了。只要你累積的經驗越多，當你在預估每個階段所可能需要的時間時，就會更為得心應手。

當你在組合整份進度表的時候，最理想的一種策略就是預留一些彈性的時間，以因應那些預料之外的問題或是突發的狀況。有時候，印刷廠可能無法按照原先承諾的日期完成問卷調查表的印製；有時候，你或許會臨時決定要針對某部分爭議性特別高的問題內容，再進行一次預先調查。

當你在將進度表加以整合時，有一種極為尋常的傾向就是：你會將它視為一種「不可更改的計畫」；因此當你發現整個計畫與預定的進度表大相逕庭的時候，就會開始變得非常焦躁不安。事實上，你應該是將這份進度表視為一種動態性的表單；並且了解當某些事情出現變化時，可能就會對你原先所擬定的許多後續日期造成連帶性的影響。進度表最重要的功能，是要讓你明白：在整個計畫中的某個過程如果發生變化的時候，它將會對其他的那些階段造成牽連；以及當這種情況出現時，你應該在自己的各項活動中採取那些必要的調整措施。

品質管制

你可能已擁有一份清楚明確的進度表，而且對於那些

替你工作的人員也充滿信心；然而，建立一套嚴格的方法對整個工作成果的品質進行查核，仍是你不可掉以輕心的主要重點之一。你必須考慮的範圍相當廣泛；只要是與文字處理有關的每項工作，都必須經過一套拼字檢查程式的校對；所有的資料在送交印刷廠之前，也都必須經過仔細的審核。在進行校對的時候，最理想的方式就是同時經由兩個參與這項計畫的人過目；其中一位是對這項計畫瞭如指掌的人，另一位則是並未每天都介入這項計畫的人。此外，對於在最後一刻才做出的改變，更要特別留意；有時候，你在匆忙中對某些事情所做出的改變，的確會達到修正的效果，但也可能又造成了另一項新的錯誤。

在郵寄問卷調查的過程中，幾乎都會牽扯到將各種不同的資料裝入信封內，以及將郵寄名條貼附於信封上。有時候，在某項研究中所牽扯到的只是相當單純的步驟：將一份回覆信函及數頁的問卷調查表裝入信封內，將郵寄名條貼附於信封上，將郵資貼於信封上，然候再將它寄出去。但是，即使在這些最單純的過程中，還是有出錯的時候。某人可能會忘了將那份回覆信函裝入，某人可能會在問卷調查表的裝訂上出現頁碼排序錯誤或是遺漏其中的某頁，某人可能會將郵寄名條弄混而貼錯了信封，郵寄名條可能被貼得歪七扭八，郵資可能會被貼錯或是漏貼，寄出去的信件可能有封口不實或是忘記加封的情況。如果某件事情有出錯的機會時，那你就必須假設它有時候的確會出現錯誤。在我曾經參與過的所有計畫中，雖然我們每個人都已是兢兢業業地全力以赴，但上述這些瑕疵仍舊無可避免地

都的確發生過。

　　當郵寄的過程較為複雜、或是當研究的規模增大的時候，出現上述這種潛在錯誤的機會也將呈現冪方的成長。也就是說，當你必須擔心的步驟變得更多、或是參與該項郵寄過程的人數大為增加的時候，事情出現錯誤的機會也就會更高。能夠幫助你對自己作品的最後品質加以確認的考慮方式之一，就是對組合過程的工作流程進行分析。我最近曾接觸到一項複雜的郵寄過程，那是針對七家不同公司的所有職員所進行的一項研究。每個信封中都必須裝入下列資料：兩份信函（一份是由我們所繕寫，另一份則是由受訪者任職的公司所發出），一份使用不同顏色區別每家公司的問卷調查表，在寄發給每家公司的問卷調查表中又依據不同的部門而將其分為十種不同的版本，一個回函信封，以及一張寫好受訪者姓名的郵資已付回函明信片（這張明信片上的姓名當然必須要與信封上的受訪者姓名一致）。

　　當我們在對這項研究中品質管制方面的問題及效率上的考慮事項進行分析的時候，我們對於究竟是該採用裝配線過程（assembly-line process）——也就是每個人只負責其中一項步驟，或是採用群組過程（batch process）——也就是每個人負責各公司中某個特定部門的所有相關步驟，或是採用其他的混合處理方式，進行廣泛的討論。最後，我們決定採用下列的方法：第一，我們每次以處理一家公司為原則；也就是說，每次出現在我們桌上的問卷調查表，只會有一種顏色而已。第二，我們再將組合的過程區分為

兩個階段。

　　在第一個階段中，我們使用裝配線的方式將屬於該公司的所有共通性資料都裝入信封內；包括該計畫的回覆信函，該公司所發出的信函，回函信封，以及正確版本的問卷調查表。我們把每一個不同部門的相關資料都分開放置，將它們明確標示出來，然後再逐一地裝入信封中。負責監督這項過程的人員同時也扮演品管查核者的角色。他必須確定在整個裝配線過程中，要寄發給不同部門的問卷調查表之正確數量都已經如數準備好；他也必須從已經裝妥的所有信封中，抽取一個隨機樣本進行檢視，以確定其內所裝的所有資料都正確無誤；他還需要將最後的郵寄問卷數量逐一點清，以確定份數上沒有差錯。

　　在第二個階段中，我們再將屬於該受訪者的個人資料裝入信封內，以完成整個組合過程；它包括將寫好受訪者姓名的明信片，裝入已貼好該受訪者名條的郵寄信封中。在這個階段中，我們以三個人為一組、由他們處理某個部門的相關作業。其中一個人負責將受訪者的名條貼在信封上，另一個人則將對應的名條貼到明信片上；然後再由他們將這些資料交給坐在對面的第三人，由他負責核對是否正確後，再將明信片裝入信封中，完成封口黏貼的動作。如果我們在某天裡擁有足夠的人手時，則會以相同的方式分為兩組同時作業。這種過程在運作上似乎相當有效率，而且精確度也非常高。我們的監督人員會確定每一個小組所持有的名條都是正確無誤的，並且會對已完成的郵寄問卷加以計數、以確定數量上也沒有任何差錯。

從以上所舉的這個例子中，我們所獲得的重要訊息是：你應該要審慎地對組合過程中的所有相關步驟加以分析，將所有可能出現的錯誤都列入考慮，然後再以一種能夠讓潛在的錯誤降至最低、同時讓彼此相互核對作業結果的可能性升至最高的方法，以設計出你的整體作業過程。

美觀（審美學）

　　在一項郵寄問卷調查的作品中，有許多美觀（審美學）方面的重要議題是我們所不可掉以輕心的（Blumenfeld, 1973; Ford, 1968）。我們之所以要關切這些議題的原因，除了人類與生俱來的追求美感之天性外，還包括你想要改善在該項調查中所能獲得的回覆率、以及提升回覆的資料品質。一份看起來讓人感到賞心悅目的問卷調查表，更有可能被受訪者認為它是相當重要及經過充分的規劃準備；在答覆意願較高的情況下，所能獲得的回覆率自然也會提高。問卷中清爽流暢的答案選項及指示訊息，也能讓受訪者更容易以正確的方式配合研究人員的要求進行作答。

排版

　　在文字處理器（word processor）及桌上型排版程式（desktop publishing program）問世之前，我個人的建議是：

你的問卷調查表之最後作品，必須要以排版方式處理。一份排版處理的文件所帶來的那種清爽、對稱、以及專業性的感覺，會讓人對它產生良好的印象。排版處理雖然是仍舊可以考慮的一種選擇，但是目前廣為通行的文字處理程式、尤其是桌上型排版程式，也都有能力製作出與排版相同品質的作品。至於品質良窳的主要關鍵，乃是在於運用此類程式的操作人員是否擁有熟練的專業技巧，以及他（她）對美觀方面的議題是否具備高度的敏感性及天賦。

對稱性

在你問卷調查表中的每一頁，其內容編排都應該要對稱；我的意思是指：每一頁的左右邊界及上下界限，應該都要相等。當你依照順序陳述每個問題時，可能會遇到一種狀況：在某頁中已用掉四分之三的篇幅，而剩下的空間已不夠容納下一個問題。這時，為了要讓該頁看起來具有完整性，你就必須將該問題中每一個小項目之間的行距加大，以讓它呈現出對稱性；這一點可說是相當重要的。如果你所使用的格式是將整頁分割為左右兩欄時，這種對稱性的目標也是不容忽視的；你應該要確定這兩欄中的內容都是被均等地「填滿」。在試圖達到對稱性目標的同時，你也應該在各個問題之間留下較寬的空間，才不至於讓整份問卷的內容看起來過於擁擠。

字體的類型及大小

　　你所選用的字體類型，應該是以看起來相當「清晰」為主要考量，而不是使用那些不易辨認或譁眾取寵的字型。然而，最主要的重點還是在於字體的大小。你必須切記一項原則：不論在何種情況下，你所使用的字體大小都必須讓受訪者在閱讀時不會感到吃力才行。假如你的研究是以年紀較大者為主要的調查對象時，你所使用的字體更應該要比正常的情況為大才行。你也可以在經過審慎的判斷後，正確地利用不同字型所具有的特色；例如粗體字，加底線，或是斜體字。在一連串內容都大同小異的問題中，如果其差別只是在某個重點性的用詞時，你將可以發現以粗體字顯示這個關鍵用詞所能帶來的好處；它可以讓受訪者在閱讀這些問題時，一眼就看出其中的差異。雖然如此，你在使用這種方法的時候還是應該稍加節制；如果你在每個問題中都用到這種方式的話，受訪者對它所帶來的差異性就會變得遲鈍，那也就無法突顯出它的效果了。

問題的格式

　　不論你是以整份問卷調查表中所有問題的排列順序編號，或是以每個段落中的順序編號（例如 A1、A2……B1、B2），調查表中的每一個問題都必須編有號碼，乃是不容置啄的事情。藉著將每個問題都加以編號，有助於受訪者能夠有效地依序對該份問卷進行作答。有時候，某些人會

試圖使用那些未做編號的問卷，因為他們認為受訪者應該會依序回答。但我發現這是一種相當短視的策略，因為在這種未做編號的問卷中，有許多的受訪者很可能會不經意地忽略了某些問題。

在一份問卷調查表中，你所使用的類型或格式必須是一致的。此種類型所涵蓋的項目，應該包括四邊界限所留的寬度、在問題標號之後所留的字距、以及在答案選項之間所留的行距等。我們也曾經使用過一種較為特殊的格式：在整份的問卷調查表中，所有的問題都以粗體字陳述，而所有的答案選項則是以正常的字型來表示。這種特殊的類型也有助於讓受訪者一眼就能分辨出問題本身及答案選項之間的差別。

答案選項的格式

對於調查表中的所有答案選項，你也應該建立一種共同的類型；你可以將答案選項以垂直的方式陳列於同一欄中，或是以水平的方式表示於同一列中。你應該盡可能地避免讓答案選項跨越到兩欄或兩行的範圍中；因為當你這麼做之後，便會產生一種不明確的順序，而使受訪者在閱讀這些選項的時候造成不便。此外，如果你在一系列的問題中所使用的答案選項都是相同時，它們在紙張上應該以垂直排列的方式為佳。我要再次提醒各位，這些在格式方面看起來似乎是微不足道的小問題，卻可以創造或破壞了你的問卷調查表所帶給受訪者的印象。

問卷調查表的實際規格

關於問卷調查表所使用的紙張大小，有些人建議應該使用小於八吋半乘十一吋的紙張印製，這樣可以讓受訪者覺得它看起來比較像是一件「簡單」的工作。一般而言，只要它不至於和格式上的其他目標出現衝突，我個人倒是滿支持這項看法。舉例來說，不能為了要配合這種規格較小的紙張，而使得所使用的字體變得太小。此外，如果因為使用較小的紙張而造成頁數上的激增時，我就不認為它能夠帶來真正的好處了。最後，與規格較小之問卷調查表有關的另一項爭議點，則是信封大小的問題。目前的標準規格信封，在設計上就是以八吋半乘十一吋的紙張為主。

我個人堅持推薦在紙張的使用上，應該以雙面印刷（back-to-back printing）為主；以目前的紙張品質來說，已經不會因為雙面印刷而造成油墨的色澤滲透到另一面去。利用這種雙面印刷，可以讓所需的紙張數目縮減一半，而使得整份問卷調查表看起來「較為精簡」；這可能會有助於回覆率的提升，而且也能降低郵資成本。

如果你想要讓問卷調查表看起來像是一本小手冊的話，那你就應該使用十七吋乘十一吋的紙張（兩頁式紙張，two facing page）印刷，然後再將它們由中間線部分對摺。而訂書針的位置則剛好是位於對摺線上，這種處理方式就是我們所謂的「騎馬釘」。

能夠對你問卷調查表之總頁數造成直接影響的另一種類型，便是使用所謂的「兩欄式報紙格式」（two-column

newspaper format）。對許多的問題而言，它們的答案選項或許都相當簡短（例如：「是／否」，或「同意／不同意」），因此就可以輕而易舉地被排置於兩欄式的格式中。使用這種格式時，由於問題的本身無法橫跨整頁的寬度，所以極可能會多佔用幾行；但是以答案選項而言，它們就不會佔用多餘的空間。根據經驗顯示，當這種方法被使用於問卷調查表中時，它可以讓所使用的紙張總頁數減少大約 25% 至 50%。

對於一份涵蓋數頁、使用騎馬訂的手冊式問卷調查表來說，不論是在任何情況下，你都不可以爲了要讓它能夠被裝入較小的信封中，而將它以對摺或三摺的方式摺疊。此時，你應該使用九十吋乘十二吋的信封，讓這份問卷調查表能夠在平坦的狀態下寄送給受訪者。

回函信封

所有的郵寄問卷調查都應該要提供一個郵資已付的回函信封，而且在這個信封上也要印好你的回寄地址。這個回函信封的大小應該要足夠容納整份問卷調查表，以便受訪者在寄回時不必將該問卷加以摺疊。雖然如此，當你在附上這個回函信封的時候，或許爲了要能將它裝入發出的信封內而必須將它加以摺疊。

專業性的外觀

　　以上針對美觀（審美學）所提出的各項「祕訣」，主要是爲了在追求能夠製作出一份具有「專業性外觀」之問卷調查表的同時，也能夠達到易於管理的目標。如果你在這方面能夠盡心盡力的話，勢必可以獲得更佳的研究成果。在以下的兩頁中，我列舉出幾種使用不同格式的問卷調查表例子供各位參考（圖 8.1 及 8.2）；雖然這些例子在使用的格式上是採取各具特色的決策，但它們在外觀上都能達到清晰明瞭的目標。

1. 你在這家公司任職的時間已經有多久？
   A. 少於 6 個月。
   B. 介於 6 個月至 11 個月。
   C. 介於 1 年至 3 年。
   D. 介於 4 年至 6 年。
   E. 介於 7 年至 10 年。
   F. 介於 11 年至 20 年。
   G. 超過 21 年。

2. 你在目前的部門中已經工作了多久？
   A. 少於 6 個月。
   B. 介於 6 個月至 11 個月。
   C. 介於 1 年至 3 年。
   D. 介於 4 年至 6 年。
   E. 介於 7 年至 10 年。
   F. 介於 11 年至 20 年。
   H. 超過 21 年。

3. 就整個公司的階級體系而言，如果要對你目前的職務做一描述的話，以下所述的各種狀況何者最為接近？
   A. 基層監工或領班。
   B. 中層管理人員（第二或第三級）。
   C. 中上層管理人員。
   D. 高層管理人員（公司的理事）。

4. 如果要對你目前的工作加以描述的話，以下所述的那一種職能範圍最為貼切？
   A. 客戶服務。
   B. 工程。
   C. 財務／會計。
   D. 人力資源。
   E. 資訊系統。
   F. 法律。
   G. 生產製造。
   H. 市場行銷。
   I. 營運（除生產製造外）。
   J. 採購。
   K. 研究開發。
   L. 銷售。
   M. 其他（請說明）。

5. 你通常的工作輪值班別時間是以下那一種？
   A. 日班。
   B. 小夜班。
   C. 大夜班。
   D. 輪流值班。

1

圖 8.1 能夠提供清晰明瞭之外觀的問卷調查表格式的例子

22. 就以下所述的各個團體而言，你認為他們在愛滋病（AIDS）教育的宣導上，各應擔多大的責任？

		無責任	小部分	中等責任	大部分
a.	父母	1 □	2 □	3 □	4 □
b.	教師	1 □	2 □	3 □	4 □
c.	宗教團體	1 □	2 □	3 □	4 □
d.	保健專業人員	1 □	2 □	3 □	4 □

23. 以醫學界而言，在以下所述的各個團體中，你認為他們在愛滋病（AIDS）教育的宣導上，各應擔多大的責任？

		無責任	小部分	中等責任	大部分
a.	醫師	1 □	2 □	3 □	4 □
b.	醫師助理	1 □	2 □	3 □	4 □
c.	護士	1 □	2 □	3 □	4 □
d.	保健教育人員 / 家庭計畫人員	1 □	2 □	3 □	4 □
e.	社會工作人員	1 □	2 □	3 □	4 □

24. 是否應該將消毒過的針頭提供給那些以靜脈方式注射藥物的使用者？

   1 □ 是   2 □ 否

25. 對於感染愛滋病的危險因素，應該在人們幾歲時就開始接受宣導教育？（請勾選一項答案）

1 □ 9 歲以下
2 □ 9 歲至 12 歲
3 □ 13 歲至 15 歲
4 □ 16 歲至 19 歲
5 □ 20 歲及以上

26. 是否應該在校園內供應保險套？

   1 □ 是   2 □ 否

27. 如果你的看法為「是」，則可以提供的最低年級應該是以下何者？

1 □ 小學生（六年級以下）
2 □ 初中生（六年級至八年級）
3 □ 高中生（九年級至十二年級）
4 □ 大專生（十二年級以上）

有關愛滋病教育的宣導方面，如果還有你認為相當重要的其他事項時，請利用本頁背面空白部分寫下意見。對於你在此項調查中所提供的寶貴意見及看法，在此謹致上我們最誠摯的謝意。請將填妥的問卷調查表裝入隨信所附郵資已付的信封內寄回。明信片則請分開寄回，它將讓我們知道你已把問卷調查表寄回。請你在 1988 年 4 月 1 日之前，將你的寶貴意見提供給我們。回郵地址如下：

Thomas Mangione 博士
調查研究中心，
阿靈頓街 100 號，
波士頓，麻塞諸塞州 02116

感謝你的參與及合作！

圖 8.2 　具有清晰明瞭之外觀的問卷調查表格式的另一種例子

9

分析資料前的準備工作

　　本章中的討論重點乃是針對問卷調查表被回收後、以至於開始進行電腦化分析之前的這個階段中，你爲了要達到研究目標而必須採行的某些過程。我們要探討的議題包括了：編碼（coding）與資料輸入（data entry），以及由你的問題中建立指標與等級的理論基礎。

編碼的慣例

　　在你的研究中，針對每個問題的每一項答案，賦予它一個對等的代表數字，這項過程就稱爲編碼。事實上，當你在製作整份問卷調查表的內容時，這項過程中的絕大部分就必須被確定了。因此在這些議題中，有某些部分將會

與問題的開發技巧同時產生；而它們也會與該項研究中你對所有問題所使用的陳述方法及格式有著某些關聯性。最後，在你所必須做出的諸多決定中，有許多都應該是在你將這份問卷調查表付印之前就已經敲定的。

當你要把那些來自於問卷中的所有資料轉換成電腦統計程式可以判讀的數值時，如果你在將問卷調查表付印之前，就已經把這些「數字式代碼」（numerical codes）編製於每個答案選項之上，將會讓這項工作執行起來更得心應手。當你在賦予各個答案選項這種數字式的代碼時，應該要利用下列的各項慣例，以期讓後續的資料輸入過程在效率性及正確性方面，都能達到最高的程度。

1. 你在對各個答案選項進行編號的時候，應該要以遞升或遞減的排列順序，讓代碼數值（code value）保持一致性。在你的問題中，如果所有的答案選項都是依照我們先前所提以單一的垂直式欄位或水平式行列排列的話，將會使這種編碼的過程更容易完成。在答案選項的編號方面，我們還可以使用以下所述的其他替代方法；而且它們也可以帶來兩種讓人感到興趣的不同考量。你在編號的時候，可以由 4 到 1 做反向排列，讓這些數字更能反映每個選項所具有的真正涵義：亦即以較大的數字對應於最高的滿意度。另一種使用 3 到 0 的替代方式，同樣也可以在數字系統與答案選項的意義之間，產生一種對應性。不僅是讓數字「3」對應於最高的滿意度，而且還可以利用「0」反映「完全不滿意」的選項涵義。

從另一方面來看，使用數字「1」至「4」做答案選項的編號時，它所代表的乃是一種自然級數（natural progression），這種排列或許可以讓資料輸入的過程更爲簡單易行。

a.　非常滿意。

b.　滿意。

c.　不甚滿意。

d.　完全不滿意。

2.　如果你的答案選項超過九個，或是你認爲稍後還有可能再添加某些選項的時候，那就應該使用兩位數的代碼（例如：01、02、03……10、11、12）。

3.　即使在你的答案中並沒有「不知道」的這個選項，你還是應該保留一個代碼數值以備不時之需；因爲常有某些受訪者會自行寫上這種答案。你用來代表這個答案選項的數字，最好是在整份調查表中都完全一致。我個人就青睞使用「8」代表「不知道」這個選項；如果是兩位數的代碼時，我就用「98」表示；假如是三位數的代碼時，那就用「998」表示。

4.　此外，你也應該設定一個代碼作爲那些原本應該要提供，但卻「被遺漏」、「未做說明」、或是「尚未確定」的答案。我習慣使用「9」或「99」或「.」作爲這個代碼。當然，在你的問卷調查表中，並不會事先印上此類的代碼；它應該是當你發現到有被遺漏的資訊時，才填寫上去的。

5.　對於你指示受訪者可以略過的那些問題，也必須指定一

個固定的代碼表示。舉例來說,你可能會告訴受訪者如果他沒有小孩的話,就可以省略那些與小孩教育有關的一系列問題。有時候,研究人員也可能在一系列問題的答案選項中,加入一個「此項問題並不適用於我目前狀況」的選擇;以便讓與這些問題毫無瓜葛的受訪者在回答時,可以逐一勾選。通常而言,此種代碼應該是在問卷調查表回收之後才被寫上的;對於此類回答,我個人習慣使用「0」為代碼。

圖 9.1 中所舉的例子,乃是各種不同類型的問題、以及在所有答案選項中所賦予的數字代碼。

資料輸入

各種轉換資料的方法

要讓你的資料能夠被實際輸入於電腦中,有許多不同的方式可以採用。舊式的方法是雇用一組「編碼者」(coders)審視調查表中的所有答案,然後再將每個答案的代碼數字轉換到一張每列被分割為八十格欄位的紙張上;這八十格欄位會與一張電子計算機打孔卡片(keypunch card)上的八十個格位對應。然後,這些紙張便會被送去進行打孔作

業，而上面的資訊則會被轉換成打孔卡片上的一系列孔洞。
這時，你就可以將這些卡片透過電腦進行「解讀」工作。

_____ 段落 H _____
個人背景環境的各種特徵

6. 在你的工作生涯或家庭生活中，就你個人而言，是否曾經介入過試圖處理某人在酗酒方面所造成的問題？
   A. 是的，家庭及工作均有
   B. 是的，只出現在家庭中
   C. 是的，只出現在工作中
   D. 不是。兩者均不曾發生

7. 在你以往生活中，你認為自己是否曾經發生酗酒方面的問題？
   A. 是　　B. 否

8. 你是否曾經將某位員工列入於公司所發起的輔導活動或員工協助計畫之中？
   A. 是　　B. 否

9. 你現在幾歲？
   A. 小於 30 歲
   B. 30 歲至 39 歲間
   C. 40 歲至 49 歲間
   D. 50 歲至 59 歲間
   E. 60 歲（含）以上

10. 你的性別是？
    A. 男性
    B. 女性

11. 你所完成的最高學歷是下列何者？
    A. 高中以下
    B. 高中
    C. 高中以上的專科院校或技術性的學校
    D. 四年制的大學院校
    E. 大學以上的學歷（研究所或博士班）

12. 你目前的婚姻狀況為何？
    A. 未曾結過婚
    B. 已婚
    C. 分居
    D. 鰥寡
    E. 離婚

13. 你目前工作，每年總薪資收入大約多少？
    A. 低於 20,000 美元
    B. 20,000~39,999 美元
    C. 40,000~59,999 美元
    D. 60,000~79,999 美元
    E. 80,000~99,999 美元
    F. 100,000~149,999 美元
    G. 超過 150,000 美元

13

圖 9.1　各種答案選項之數字編碼的例子

在這項轉換的過程中，如果代表每個答案選項的數值、以及用來指示欄位規格的一些註解（例如：請將這個問題的答案，打孔於卡片上的第三十七欄中），都已經被事先印製於問卷調查表上，將可以為整個過程帶來極大的好處。利用這種方法，就可以省掉在進行打孔作業之前，必須由工作人員將所有答案代碼騰寫於紙張上的這個步驟。雖然如此，在將這些問卷調查表送交卡片打孔人員（keypuncher）之前，你還是必須安排人員檢查每份問卷，將它們加以「過濾」、並加註先前所述必要的 8、9、及 0 等代碼。執行這項工作的人員，我們將其稱之為「校訂者」（editor）。

另外一種較為先進的做法，便是使用直接的資料輸入系統，將所有的資訊直接輸入到電腦中。這種過程的優點在於：你可以直接對輸入這些資訊的人員進行控制或監督；它可以讓你在輸入過程中，有機會預先防範可能產生的各種問題。此外，你也可以運用各種的軟體應用程式，來配合你在輸入程序上的個別需求；它們不但可以幫助你達到事半功倍的效果，也可以防範資料輸入方面的許多種錯誤於未然。舉例來說，你可以明確地指示電腦在何種情況下，你想要讓「0」能夠被自動地打入於一系列的欄位中（例如：當尚未結婚的受訪者省略過一連串與婚姻有關的問題時）。你也可以把所有可能會出現的答案代碼，明確地敘述在這些程式中；此時，這個程式就不會允許任何不在敘述之列的數值被鍵入於對應的欄位中，因而也就可以避免出現任何不在範圍之內的數值。在這種做法之下，這些程式通常都會自動執行獨立性的確認功能，而打孔作業的品質也可

以獲得保證。使用此類程式的唯一缺點就是：你必須先購買它們，然後再雇用一位職員熟悉整個程式的運作。

對於那些曾經參加過任何標準式測驗——例如「學校教育適性測驗」（Scholastic Aptitude Test, SAT）——的學生而言，他們必定會對另一種能夠將問卷中的資訊轉換至電腦上的技巧感到相當熟悉；那就是——畫出感應線條（sensing scoring）。如果你要處理的問卷調查表在數量上相當龐大時，對資訊的轉換而言，這種方式在成本上可說是相當經濟。但是當問卷調查表的數量較少時，花費在設計感應線條程式上的固定成本，就會讓這種方式要比其他的替代方法來得更為昂貴。在使用這種方法時，你必須列入考慮的另一項問題是：當你的問卷調查表都回收之後，你還必須預留幾個星期的時間，以便讓這些問卷能夠被格式化、並且保證被轉換成機器可以判讀的形式。此外，你必須評估的另一項問題是：樣本中的受訪者，是否具有足夠的耐性去拿著一枝 2B 鉛筆在你指定的小欄位上慢慢地將它塗滿。如果你的樣本是由學生、或是性質相類似的群體所構成時，他們或許不會對這種方式感到陌生；但是對其他的群體而言，可能就會對這種程序感到不適應，因而將這份問卷束之高閣了。

校訂及編碼過程

對於各種轉換資料的方法來說，在將資料被送出以將其轉換成電腦可使用的形式之前，至少都要先經過某些審

視及校訂的過程。有些受訪者可能並未回答某些他們應該要作答的問題，有些人則是並未勾選任何的答案選項、而自行在空白處寫上他的意見，而某些人可能會在應該只能勾選一種答案的部分、卻做出複選式的回答。諸如此類的問題，在問卷調查表被送往進行資料輸入的過程之前，就應該要將它們加以過濾並解決。此外，在你的問卷中如果有任何開放式的問題存在時，也必須在開始進行資料輸入的過程之前，就將這些答案轉換成數字式的代碼。

當你指派某人對這些資訊進行校訂及編碼的作業，作為資料輸入的前置動作時，最重要的是：應該建立一套品管制度（quality control system），以減低決定時所可能出現的錯誤。當你在設計這項品管制度時，第一個步驟就是在你開始進行校訂及編碼的過程之前，就要先訂出一套明確的書面指示及編碼規則。除此之外，你也必須確定自己所指派的「校訂者」及「編碼者」，在執行他們工作時所做的決定都是依據你的指示進行。為了達到這項目的，你必須再指派另一位人員由每一位編碼者所完成的作品中，隨機抽取樣本進行獨立地檢視或編碼，並比對兩者所做的決定結果是否有任何差異存在。一旦發現在這種編碼的決定中有任何差異存在時，就必須立刻採取行動解決。有時候，這些差異可能會突顯出在你制定的編碼規則中所存在的某種不周全或不適當；這時你就必須將這些規則立即修正，以免越陷越深。出現這種不一致狀況的其他可能性是：某位校訂者或編碼者對於你的指示並未完全了解，或者是編碼者在工作時根本就漫不經心。此時，你就必須對這些

人再重新訓練，並且對他們所執行的工作進行較嚴密的監督，直到你認為他們已經進入狀況並足以信賴為止。

確認

除了要對前述的校訂及編碼過程進行核對之外，你也必須確定所有的資料輸入都被正確無誤地執行。在確保資料輸入的品質時，最常使用的方法就是要求所有的輸入項目都必須經過「確認」。在這項過程中，必須有第二個人獨立地將所有的資料進行輸入；然後再對第一個人與第二個人所輸入的資料進行比較。對於找出輸入上的錯誤而言，這種方法是唯一可行的途徑；舉例來說，在輸入的時候很可能會將「2」打成「1」，而這兩個答案又都是該問題所能夠接受的正確選項。當兩位輸入者的資料出現差異的時候，必須將錯誤找出來、並立刻更正。藉由這項過程，將使你能夠確保在所有的資料中，不至於出現因為輸入錯誤所造成的誤差。

過濾資料

在開始進行分析之前，通常還需要對所有的資料採取另外兩種的核對動作。首先要核對的是：是否有任何超越設定範圍的答案出現。舉例來說，如果問題中的答案選項只有「1」、「2」、或「3」的設定代碼時，則在你的資料中就不應該有任何超出這三種代碼的情況出現；假如你發

現有「4」或「5」之類的離譜答案出現時，就必須將這份問卷調查表抽出，並核對真正的答案應該是那一個，然後再更正資料。

其次要核對的是答案的「一致性」。有時候，某個特定問題的答案會決定於受訪者對於先前問題所做出的答覆。舉例來說，在問卷調查表的前半段中，你或許會問他們是否已經結婚；而在稍後的部分中，你可能會給受訪者一項如下的指示：「如果你已結婚，則請回答此段中的問題；否則便請跳答下一段的問題。」對於那些跳答的受訪者——也就是尚未結婚的人，你應該對此段問題中的所有答案賦予一個「0」的代碼。然後，藉由確認那些具有未婚代碼的所有受訪者、他們在這段「與婚姻有關的問題」中所出現的答案代碼都是「0」，而那些具有已婚代碼的所有受訪者、在這段問題中所出現的答案代碼則是屬於其他的設定範圍後；你便可以完成核對的工作，並且確定資料具有前後一致的相符性。如果發現有前後矛盾的情況出現時，就應該將這些問卷抽出來，仔細查核其中的內容，再決定應該如何賦予這些資料正確的代碼。

對於這些與錯誤偵測及預防有關的過程而言，那些專業性的資料輸入服務業者所使用的相關軟體，以及個人研究者在市面上可以購得的資料輸入軟體，都可以提供某種程度的幫助。舉例來說，此類程式可以讓你對某些特定的數值加以設限，使它們無法被某些特定的問題所接受。在某項問題中，假設所使用的代碼只有以下數種——正常的答案選項只有「1」、「2」及「3」，另外以「0」代表可

以跳答的群體，以「8」代表不知道，以「9」表示未確定的答案；這時，你就可以將資料輸入軟體的程式設定為：在這題中不接受「4」、「5」、「6」或「7」的數值被輸入進去。這種設定範圍的保護做法，可以降低許多因為輸入錯誤所產生的困擾；但是這種輸入的錯誤如果是介於該問題所可以接受的範圍內時，則依舊無法避免因此而產生的困擾。所以我們前面所提到的確認過程，仍然是不可或缺的。

　　資料輸入的軟體也有助於降低與一致性方面有關的錯誤。舉例來說，在規劃該軟體的程式時，對於那些不必回答某些特定問題的受訪者，也可以設定該軟體自動在這些答案選項中填上「0」的代碼。你可以利用一些條件式的敘述（conditional statements）來規劃程式，例如：「在第十項問題中，如果受訪者所勾選的答案代碼是 1 時，則在第十一項至第二十項中的所有答案，都填上 0 的代碼。」雖然這種程式上的設計可以將大部分前後矛盾的錯誤加以避免，但你最好還是在電腦中對這些狀況再做進一步的核對；以免在資料分析進行到相當程度之後才發現此類的錯誤，那時想要再做補救或許為時已晚了。

建立等級

　　在你的問卷調查表中，假設有一系列的問題是以不同

的角度為出發點，詢問受訪者有關他們對目前工作的滿意程度。將所有的答案與這些問題合併後以求得一個整體的分數（overall score），乃是一種常見的做法。在這種整合資訊的過程中，它可以帶來許多正面的效果，這乃是一項不爭的事實。第一，你可以讓必須列入分析中的各種變數，在數量上大為減少；第二，如果執行上正確無誤的話，這種整合的確可以改善該項研究在測量結果上的可靠性及有效性。

一般來說，我們在合併問題時有兩種方式可以使用；你可以將所有的答案做一加總，或是求取一個平均分數（average score）。不論你採用何種方法，都必須切記一件事：所有答案的分數在數值的範圍上，都必須是相同的。大部分的人在進行這種處理的時候，除非有某些非常明確的理論基礎來證實某個項目的確比其他項目更為重要，否則都會認為每項問題對整體的分數均具有相同的貢獻。在產生這種整體的分數時，可以利用電腦軟體的分析程式協助，它們大部分都可以輕易地求得這項結果。

你必須面臨的唯一複雜狀況是：對於你想要將其合併的每一項問題，並非是每位受訪者都會逐一回答。這也意味著某些受訪者與其他的受訪者相較之下，可能會有較多的機會取得「高分數」。就處理這項困擾而言，我們也有許多的策略可供使用。如果這種遺漏某些答案的案例為數不多的話，我們就可以決定將這些特殊案例排除於分析之外。假如這種做法並不可行時，那麼你可以選擇以被回答的項目群組為基礎，對每一個人都構建出平均分數。這種

特定的項目群組，可能會在各個受訪者之間存在著些微的差異；但只要你在合併這些項目時能夠擁有一個健全的統計基礎，這種方式倒也不失爲一種合理的策略。

我們在前文中曾提及：藉由建立各種指標，將有助於改善你所獲得之測量結果的可靠性。它爲何可以達到這種目標呢？答案就在於下列這項見解：與我們真正感興趣並想要進行測定的實際結構相較下，在問卷調查表中的每一個項目，都只能算是一種不完整的測量值而已。以這種不完整性而言，大部分都極有可能會造成一項隨機誤差（例如：受訪者不小心勾錯答案；或是某位受訪者在填寫問卷的當天，心情特別愉快或特別惡劣）。藉由將許多不完整的測量值加以合併，其中的隨機誤差便極有可能被相互抵消，而使得所產生的「平均數」（average）對該受訪者的實際狀態來說，會是一個較佳的估計值。

藉由以下所述的數學公式，可以讓我們了解到這項新的合併測量值究竟具有多高的可靠性；我們將其稱爲「 α 係數」（coefficient alpha）。

$$\alpha = \frac{(\text{項目}) \times (\text{在項目之中的平均相互關係})}{1 + (\text{項目-1}) \times (\text{平均相互關係})}$$

當你所合併的項目數量增加時（假設在項目之中的平均相互關係維持不變），或者是平均相互關係（average correlation）較高時，則 α 值也會隨之提高。在項數較小的情況下，當項目增加的時候、即使平均相互關係呈現些微

的下降，α 值仍然會提高；它的原因在於：由於項目增加所產生的改善效果，與因為項目之中的平均相互關係呈現輕微下降所造成的漸減效果相較之下，還是前者要來得較大。

10

以整體性調查設計的觀點作概述

整體性調查設計

　　既然各位已經對郵寄問卷調查的各項技巧探討到本書中的最後一章，因此現在最重要的事情就是要能將所有的片段加以整合，使它們發揮最大的功效，讓你能夠獲得一項高品質的調查結果。在先前的每章中，我們分別將探討重點置於調查過程中的某一特定部分，並試圖讓各位得以對相關的議題及應該遵循的程序能有深入的了解。平心而論，在實際的領域中幾乎沒有人能夠有機會完成一項「無懈可擊」的計畫案——亦即在每一個決策階段都能獲得最高的品質。事實上，每一項計畫案都只能說是一系列的交

換（trade-offs）與均衡式的努力，它的目標是為了能夠產生一種最適決策組合（optimum combination of decisions），以進一步獲得最佳的整體品質。

這種試圖達到一個最適均衡點（optimum balance）的過程，也就是我們所稱的「整體性調查設計」（total survey design）方法。在試圖應用這種整體性調查設計的原則時，有一種不適當的例子是：在某項以多階段式抽樣開發所有家庭之隨機樣本的計畫中（雖然所費不貲、但精確度很高），卻使用不寄發任何後續提醒信函的郵寄問卷調查方式進行（雖然成本低廉、但極易產生偏見）。在這個例子中所強調的重點是：如果你將自己所能控制的大部分資源都投注在某一個階段中，而造成可被用來執行其他階段的剩餘資緣配置不足時，對整個計畫案可說是有害無益。

在本章中，我們希望達成的目標共有兩項。第一，我們要對各位在進行一項郵寄問卷調查時所可能做出的決定都重新加以檢視，藉以強調出必須取得均衡發展的各種議題；第二，我們希望能夠針對一項計畫中的各個主要階段，分別列舉出一系列各位所必須遵循的步驟。藉由遵循這兩套指導原則，你就可以在一種能夠讓所有努力都獲得最佳品質的基礎下，開始設計你的研究案。

抽樣架構

你的樣本品質是否良好，會與你所使用的抽樣架構（也就是你在選取樣本時所使用的名簿）有著直接的關聯。如

果你遺漏了母群體中的某部分時，勢必會造成某種程度的偏見；至於這種偏見究竟會有多高，通常都是不得而知。在這個階段中，你必須做出的各種決定包括有：（a）你想要研究的母群體究竟是什麼；（b）在取得這項母群體的名簿時，有那些選擇性的方法可以運用；以及（c）在這些可以使用的替代方法中，就反映該母群體的所有成員而言，每一種方式提供的正確度為何？

有時候你可以輕而易舉取得一份堪稱良好的名簿，但這份名簿內卻很可能會遺漏整個母群體中某一特定群體。在我們日常生活裡，諸如此類的例證可說是不勝枚舉，最明顯的例子包括有：電話簿——它的內容中就遺漏了那些家中沒有電話以及使用未刊載電話號碼（unlisted numbers）的用戶；機動車輛監理單位的名冊——它的內容中就遺漏那些沒有駕駛執照的使用者；以及學校註冊組的名單——它的內容中只有那些目前註冊的學生。在上述這些例子中，當你要使用此類名簿時，就必須先確定那些被遺漏的群體在整項研究中所的重要性為何。如果他們佔有舉足輕重的份量，就必須設法找出這些名單；假如影響甚小就可以直接使用目前獲得的這份名簿。在所進行的研究中，你至少要相當清楚到底有那些人未被涵蓋在你的母群體內，那麼你才能夠對自己所選取的樣本進行正確的書面敘述。

樣本大小

切記下列的結論：當你的樣本大小增加四倍時，將會

使你的抽樣誤差減低一半；當使用的樣本較小、而你對樣本大小所預期的比例改變相對地較大時，則會降低抽樣誤差至最小。因此，在你要對樣本大小做出任何的決定之前，你必須先明白有那些問題是屬於你的分析重點；唯有如此，你才能夠確定自己所選取的樣本大小是否足以支持你的分析計畫。此外，你也必須決定自己在預估值方面所想要達到的精確度，並據此決定所應使用的樣本大小。

樣本設計

有許多設計方面的決策，都是你必須確定的。第一，你所使用的樣本設計應該是一個隨機樣本、或是方便樣本、或是配額樣本？如果你想使用的是屬於非隨機的抽樣設計時，也有某些探究上的目標可以提供充分的立論基礎。你必須弄清楚的重點是：在進行這項研究時，你試圖要達成的目標究竟是什麼。

第二，你必須確定在自己的樣本名冊中，是否能夠建立任何的層級（stratification）；如果可以的話，你希望使用的層級變數有那些。將你的樣本名冊加以層級處理是一種值得採行的做法，因為它有助於降低抽樣誤差。為了要能夠善用這些層級，你必須將使用在名冊分類上的各種必要資訊，附於原始的名冊之後。

層級化的處理，也可以讓你對那些數量較少、但卻深具重要性的子群體進行超量抽樣。這種做法也必須付出某種代價，因為在你對某個子群體採行加權處理以獲得較高

的抽樣比例之後，你用來作爲統計考量的有效整體樣本大小，勢必會出現某種程度的降低。

測量誤差

在你的研究中，產生誤差的來源可說是不一而足，並非是只有抽樣誤差而已。爲了要使測量誤差降至最低，你應該花費一些時間、精力、以及資源，以確保繕寫及提出各項問題時的品質，這點乃是相當重要的。它最主要的意思，也就是說你應該致力於編製出內容清晰明瞭、以及對受訪者而言是屬於合理性的各種問題。在這個過程中，前測、進行修正、以及再次的預調，都是不可或缺的基本構成要素。對於每一項研究案而言，進行較多次的預調幾乎都可以讓它們獲得相當的好處。

除了內容的清晰明瞭之外，預調也有助於讓你解決各種具有爭議性的議題，例如：

1. 在你的答案範圍中，應該要有多少的選項；
2. 在你的答案範圍中，各選項之間的間隔是否呈合理的遞增；
3. 在你的答案範圍中，應該使用奇數或是偶數的選項；
4. 你是否應該使用一個「不知道」的選項；
5. 回憶期間是否爲一個合理的範圍；
6. 問題的內容是否會太具強制性或是太過於侵犯個人隱私；

7. 大多數的人是否都能夠回答這些問題；
8. 在你的答案範圍中，各種可能答案在分配上是否合理。

　　規劃一項預調的過程，不但可以讓你與那些接受預調的受訪者相互討論，而且還可以直接評估他們對這些問題的了解程度；這種做法對於獲得適當的反饋而言，乃是不可或缺的。

無回應的誤差

　　在進行一項郵寄問卷調查時，最大的潛在困擾就是無回應的誤差。那些對你的調查做出回覆的受訪者，可能會與那些選擇不予理會的人們有著截然不同的看法或意見。在處理這種無回應的誤差時，最有效的方法就是盡可能提高所獲得的回覆率；因此，你必須絞盡腦汁思考究竟應該使用何種的策略，以便讓你所獲得的回覆率能夠盡量提升。在改善回覆率方面，我們目前所知最確定的方法，就是編寫一份能夠引起受訪者共鳴的回覆信函，附上一個郵資已付的回函信封，以及寄發提醒信函。除了這些之外，對於以下所述的各種方法，你也應該盡可能加以採用。

1. 使用某些種類的預付式誘因。
2. 讓你的問卷調查表在篇幅上保持合理的長短。
3. 問卷調查表的設計上花些心思，使它看起來清爽美觀。
4. 在回函信封上盡量使用那些具有紀念意義的精美郵票。

5. 事先通知你的受訪者──最好是以電話的方式為之，讓他們知道自己已被選入參與這項研究調查。
6. 使用某些種類的額外郵資方式寄送，至少在寄發最後一次的提醒信函時應該這麼做。
7. 使用彩色紙張作為這份問卷調查表的封面。

編碼與資料輸入

當問卷調查表回收之後，在我們要將書面的答覆轉換成電腦可判讀的數字時，我們在其他階段中所曾經關切的標準化及品質管制，此時也必須再次強調。你必須編製各種容易應用的代碼，你也必須對指派的校訂者施以良好的訓練；並且應該在這個過程的初期，就藉著從這些人所完成的工作中抽取明顯的比例進行檢視，以確定他們對你所制定的編碼規則並無誤解或誤用。至於資料輸入的內容，應該都要全數經過確認的步驟。除了這些過程之外，當你的電腦檔案構建完成之後，你還必須進行測試，以發掘出是否有超出設定範圍的輸入錯誤及前後不一致的資料要素。如果有此類的錯誤出現時，你必須將它們與原始的問卷調查表相互核對，然後再做更正。

整體性調查設計的概述

我們必須再次強調，如果你在郵寄問卷調查中想要獲

得一個高品質的成果，那你就必須在這項研究計畫中的每一個階段都全力以赴。你必須要讓所有的資源都能被適切地運用於以上所概述的各個決策領域內。因為在每個階段中，你的資料都有可能會出現誤差；所以你所做出的各種決策，應該是以能夠幫助你將每個階段中的誤差降至最低為主要考量。在調查研究的工作中，最常見的一種錯誤想法就是認為抽樣誤差乃是所有誤差的唯一根源；因此將大部分的資源都用於創造出一個為數龐大的回覆率之上，而使得其他議題所能利用的資源呈現不適切的分配狀態。

時間進度表

對於各種資源的良好規劃及妥善配置，乃是在企圖創造出一個能夠盡可能順利進展的調查結果時所不可或缺的要素；但這個意思並不代表當你一旦將計畫設定好之後，就必須一成不變。許多的事情都可能會出現臨時的變化；有些事或許會比其他的事情要花費較長的時間才能完成，有時候則是會在資料的寄送上出現預期之外的混亂狀況。如果你能夠擁有一份經過深思熟慮後所產生的時間進度表（time line），當這些意外情況發生的時候，你至少可以對它們所可能帶來的衝擊與影響進行評估。為了達到這項目的，我們提供後述一些時間進度表的例子（參閱圖 10.1 至圖 10.6），希望它們能對你的規劃過程有所幫助。在第一

郵寄問卷調查

份的時間進度表中，主要是向各位說明如何將整體性的計畫做一整合；而在隨後幾份較詳細的時間進度表內，則是將焦點置於每一個主要階段中所必須注意的關鍵事項。

結語

我雖然期盼本書在使各位創造出具有高品質的郵寄問卷調查方面，能夠有所幫助，但我也深信經驗才是最好的良師。當你在進行自己生平中的頭幾次調查時，我誠摯地建議各位應該要與某位在調查方面具有豐富經驗的人士取得聯繫，並虛心地請教他，來幫助你執行規劃、檢視、校訂及修正。不要恐懼或排斥某人會告訴你還有那些事情可以再做進一步的改善；沒有人能夠在未獲得任何忠告的情況下，就能夠一蹴即成。

不屈不撓地追求一種難以臻至的完美境界，縱使它有如某人企圖在一台老舊的鋼琴上盡力奏出天籟之音，這種做法或許會徒勞無功、但是在我們的生命中卻具有非凡的意義。

Logan-Pearsail Smith, 1865~1946
英裔美籍評論家

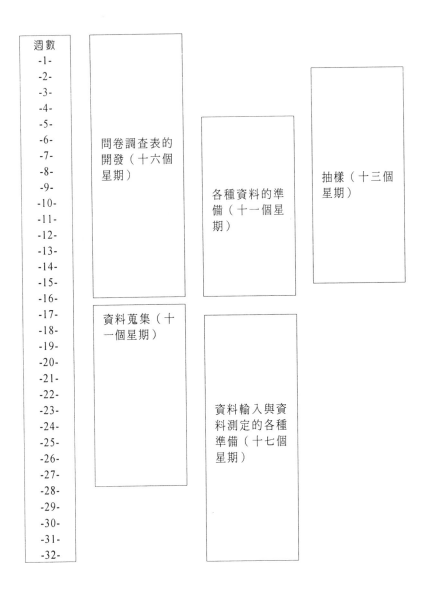

圖 10.1　整體性的時間進度表

任務	預估時間
	週數
文字方面的檢視	-1-
建立各項議題的概要	-2-
	-3-
問卷調查表的第一份草稿	-4-
	-5-
由同事身上所得到的反饋	-6-
	-7-
對問卷調查表進行修正	-8-
第一次預先調查	-9-
	-10-
修正草稿	-11-
第二次預先調查	-12-
	-13-
最後的修正	-14-
	-15-
送交印刷	-16-

圖 10.2 開發問卷調查表的時間進度表

任務	預估時間（週數）

決策：資料的種類 需要的數量	-1- -2-
編寫內容及設計格式（信 封，明信片以及回覆信函）	-3- -4- -5-
	-6-
將所有資料交付印刷	-7-
確定問卷調查表之內容	-8- -9-
將問卷調查表交付印刷	-10- -11-

圖 10.3　抽樣的時間進度表

　郵寄問卷調查

任務	預估時間（週數）

決策：資料的種類 需要的數量	-1- -2-
編寫內容及設計格式（信 封，明信片以及回覆信函）	-3- -4- -5-
將所有資料交付印刷	-6- -7-
確定問卷調查表之內容	-8- -9-
將問卷調查表交付印刷	-10- -11

圖 10.4　資料準備的時間進度表

任務	預估時間（週數）

召集工作人員 安排工作範圍	-1- -2-
第一回合：郵寄與回收	-3- -4-
第二回合：郵寄與回收	-5- -6-
第三回合：郵寄與回收	-7- -8-
第四回合：郵寄與回收	-9- -10- -11-

圖 10.5　資料蒐集的時間進度表

郵寄問卷調查

任務	預估時間（週數）
開發與代碼／校訂 有關各種的指示	-1- -2-
召集／訓練校訂的人員	-3- -4-
	-5- -6-
執行編碼／校訂	-7- -8- -9- -10- -11-
輸入資料	-12- -13-
過濾資料 及準備 測定資料	-14- -15- -16- -17

圖 10.6　編碼／資料輸入的時間進度表

參考書目

Adams, J. S. (1956). Experiment on question and response bias. *Public Opinion Quarterly, 20,* 593-598.

Adams, L. L. M., & Gale, D. (1982). Solving the quandary between questionnaire length and response rate in educational research. *Research in Higher Education, 17,* 231-240.

Allen, C. T., Schewe, C. D., & Wijk, G. (1980). More on self-perception theory's foot technique in the pre-call/mail survey setting. *Journal of Marketing Research, 17,* 498-502.

Andreasen, A. R. (1970). Personalizing mail questionnaire correspondence. *Public Opinion Quarterly, 34,* 273-277.

Armstrong, J. S. (1975). Monetary incentives in mail surveys. *Public Opinion Quarterly, 39,* 111-116.

Armstrong, J. S., & Lusk, E. J. (1987). Return postage in mail surveys. *Public Opinion Quarterly, 51,* 233-248.

Armstrong, J. S., & Overton, T. S. (1971). Brief versus comprehensive descriptions in measuring intentions to purchase. *Journal of Marketing Research, 8,* 114-117.

Armstrong, J. S., & Overton, T. S. (1977). Estimating nonresponse bias in mail surveys. *Journal of Marketing Research, 14,* 396-402.

Ayidiya, S. A., & McClendon, M. J. (1990). Response effects in mail surveys. *Public Opinion Quarterly, 54,* 229-247.

Bachman, D. P. (1987). Cover letter appeals and sponsorship effects on mail survey response rates. *Journal of Marketing Education, 92,* 45-51.

Barnette, W. L. (1950). Non-respondent problem in questionnaire research. *Journal of Applied Psychology, 34,* 397-398.

Baur, E. J. (1947). Response bias in a mail survey. *Public Opinion Quarterly, 11,* 594-600.

Berdie, D. R. (1973). Questionnaire length and response rate. *Journal of Applied Psychology, 58,* 278-280.

Berry, S., & Kanouse, D. (1987). Physicians' response to a mailed survey: An experiment in timing of payment. *Public Opinion Quarterly, 51,* 102-104.

Biemer, P. R., Groves, R. M., Lyberg, L. E., Mathiowetz, N. A., & Sudman, S. (1991). *Measurement errors in surveys.* New York: John Wiley.

Bishop, G. F., Hippler, H. J., Schwartz, N., & Strack, F. (1988). Comparison of response effects in self-administered and telephone surveys. In R. M. Groves, P. Biemer, L. Lyberg, J. Massey, W. Nicholls, & J. Waksberg (Eds.), *Telephone Survey Methodology* (pp. 321-340). New York: John Wiley.

Bishop, G. F., Oldendick, R. W., & Tuchfarber, A. J. (1984). Interest in political campaigns: The influence of question order and electoral context. *Political Behavior, 6,* 159-169.

Blair, W. S. (1964). How subject matter can bias a mail survey. *Mediascope,* 70-72.

Blumberg, H. H., Fuller, C., & Hare, A. P. (1974). Response rates in postal surveys. *Public Opinion Quarterly, 38,* 113-123.

Blumenfeld, W. S. (1973). Effect of appearance of corresponding on response rate to a mail questionnaire. *Psychological Reports, 32*, 178.

Boek, W. E., & Lade, J. H. (1963). Test of the usefulness of the postcard technique in a mail questionnaire study. *Public Opinion Quarterly, 27*, 303-306.

Bradt, K. (1955). Usefulness of a postcard technique in a mail questionnaire study. *Public Opinion Quarterly, 19*, 218-222.

Brennan, M., & Hoek, J. (1992). Behavior of respondents, nonrespondents and refusers across mail surveys. *Public Opinion Survey, 56*, 530-535.

Brennan, M., Hoek, J., & Astridge, C. (1991). Effects of monetary incentives on the response rate and cost-effectiveness of a mail survey. *Journal of the Market Research Society, 33*, 229-241.

Brennan, R. (1958). Trading stamps as an incentive. *Journal of Marketing, 22*, 306-307.

Brook, L. L. (1978). Effect of different postage combinations on response levels and speed of reply. *Journal of the Market Research Society, 20*, 238-244.

Brunner, A. G., & Carroll, S. J., Jr. (1969). Effect of prior notification on the refusal rate in fixed address Surveys. *Journal of Advertising Research, 9*, 42-44.

Bryson, M. C. (1976). Literacy Digest Poll: Making of a statistical myth. *American Statistician, 30*, 184-185.

Burchell, B., & Marsh, C. (1992). Effect of questionnaire length on survey response. *Quality and Quantity, 26*, 233-244.

Campbell, D. T. (1949). Bias in mail surveys. *Public Opinion Quarterly, 13*, 562.

Carpenter, E. H. (1975). Personalizing mail surveys: A replication and reassessment. *Public Opinion Quarterly, 38*, 614-620.

Champion, D. J., & Sear, A. M. (1969). Questionnaire response rates: A methodological analysis. *Social Forces, 47*, 335-339.

Childers, T. L., & Ferrell, O. C. (1979). Response rates and perceived questionnaire length in mail surveys. *Journal of Marketing Research, 16*, 429-431.

Childers, T. L., Pride, W. M., & Ferrell, O. C. (1980). Reassessment of the effects of appeals on response to mail surveys. *Journal of Marketing Research, 17*, 365-370.

Childers, T. L., & Skinner, S. J. (1985). Theoretical and empirical issues in the identification of survey respondents. *Journal of the Market Research Society, 27*, 39-53.

Clausen, J. A., & Ford, R. N. (1947). Controlling bias in mail questionnaires. *Journal of the American Statistical Association, 42*, 497-511.

Cohen, J. (1988). *Statistical power analysis for the behavioral sciences*. Hillsdale, NJ: Lawrence Erlbaum.

Converse, J. M., & Presser, S. (1986). *Survey questions: Handcrafting the standardized questionnaire*. Beverly Hills, CA: Sage.

Cox, E. P., III. (1976). Cost/benefit view of prepaid monetary incentives in mail questionnaires. *Public Opinion Quarterly, 40*, 101-104.

Cox, E. P., III, Anderson, Jr., W. T., & Fulcher, D. G. (1974). Reappraising mail survey response rates. *Journal of Marketing Research, 11*, 413-417.

Craig, C. S., & McCann, J. M. (1978). Item nonresponse in mail surveys: Extent and correlates. *Journal of Marketing Research, 15*, 285-289.

Church, A. H. (1993). Estimating the effect of incentives on mail survey response rates: A meta analysis. *Public Opinion Quarterly, 57*, 62-79.

Daniel, W. W. (1975). Nonresponse in sociological surveys: A review of some methods for handling the problem. *Sociological Methods & Research, 3*, 291-307.

Denton, J., Tsai, C., & Chevrette, P. (1988). Effects on survey responses of subject, incentives, and multiple mailings. *Journal of Experimental Education, 56*, 77-82.

Dillman, D., Carpenter, E., Christenson, J., & Brooks, R. (1974). Increasing mail questionnaire response: A four state comparison. *American Sociological Review, 39,* 744-756.

Dillman, D. A. (1972). Increasing mail questionnaire response in large samples of the general public. *Public Opinion Quarterly, 36,* 254-257.

Dillman, D. A. (1978). *Mail and telephone surveys: The total design method.* New York: John Wiley.

Dillman, D. A., & Frey, J. H. (1974). Contribution of personalization to mail questionnaire response as an element of a previously tested method. *Journal of Applied Psychology, 59,* 297-301.

Dommeyer, C. (1988). How form of the monetary incentive affects mail survey response. *Journal of the Market Research Society, 30,* 379-385.

Dommeyer, C. J. (1985). Does response to an offer of mail survey results interact with questionnaire interest? *Journal of the Market Research Society, 27,* 27-38.

Donald, M. N. (1960). Implications of non-response for the interpretation of mail questionnaire data. *Public Opinion Quarterly, 24,* 99-114.

Doob, A. N., Freedman, J. L., & Carlsmith, J. M. (1973). Effects of sponsor and prepayment on compliance with a mailed request. *Journal of Applied Psychology, 57,* 346-347.

Duncan, W. J. (1979). Mail questionnaires in survey research: A review of response inducement techniques. *Journal of Management, 5,* 39-55.

Eckland, B. (1965). Effects of prodding to increase mail back returns. *Journal of Applied Psychology, 49,* 165-169.

Eichner, K., & Habermehl, W. (1981). Predicting response rates to mailed questionnaires. *American Sociological Review, 46,* 361-363.

Etzel, M. J., & Walker, B. J. (1974). Effects of alternative follow-up procedures on mail survey response rates. *Journal of Applied Psychology, 59,* 219-221.

Ferris, A. L. (1951). Note on stimulating response to questionnaires. *American Sociological Review, 16,* 247-249.

Filion, F. L. (1975). Estimating bias due to nonresponse in mail surveys. *Public Opinion Quarterly, 39,* 482-492.

Filion, F. L. (1976). Exploring and correcting for nonresponse bias using follow-ups on nonrespondents. *Pacific Sociological Review, 19,* 401-408.

Ford, N. M. (1967). The advance letter in mail surveys. *Journal of Marketing Research, 4,* 202-204.

Ford, N. M. (1968). Questionnaire appearance and response rates in mail surveys. *Journal of Advertising Research, 8,* 43-45.

Ford, R. N., & Zeisel, H. (1949). Bias in mail surveys cannot be controlled by one mailing. *Public Opinion Quarterly, 13,* 495-501.

Fowler, F. J. (1993). *Survey research methods.* Newbury Park, CA: Sage.

Fowler, F. J. (1995). *Improving survey questions: Design and evaluation.* Thousand Oaks, CA: Sage.

Fox, R. J., Crask, M. R., & Kim, J. (1988). Mail survey response rate: A meta-analysis of selected techniques for inducing response. *Public Opinion Quarterly, 52,* 467-491

Frazier, G., & Bird, K. (1958). Increasing the response of a mail questionnaire. *Journal of Marketing, 22,* 186-187.

Friedman, H. M., & San Augustine, A. J. (1979). The effects of a monetary incentive and the ethnicity of the sponsor's signature on the rate and quality of response to a mail survey. *Journal of the Academy of Marketing Science, 7,* 95-101.

Fuller, C. (1974). Effect of anonymity on return rate and response bias in a mail survey. *Journal of Applied Psychology, 59,* 292-296.

Furse, D. H., & Stewart, D. W. (1982). Monetary incentives versus promised contribution to charity: New evidence on mail survey response. *Journal of Marketing Research, 19*, 375-380.

Furse, D. H., Stewart, D. W., & Rados, D. L. (1981). Effects of foot-in-the-door, cash incentives, and followups on survey response. *Journal of Marketing Research, 18*, 473-478.

Futrell, C., & Hise, R. T. (1982). The effects of anonymity and a same-day deadline on the response rate to mail surveys. *European Research, 10*, 171-175.

Futrell, C., & Swan, J. E. (1977). Anonymity and response by salespeople to a mail questionnaire. *Journal of Marketing Research, 14*, 611-616.

Gajraj, A. M., Faria, A. J., & Dickinson, J. R. (1990). Comparison of the effect of promised and provided lotteries, monetary and gift incentives on mail survey response rate, speed and cost. *Journal of the Market Research Society, 32*, 141-162.

Gannon, M., Northern, J., & Carrol, S., Jr. (1971). Characteristics of non-respondents among workers. *Journal of Applied Psychology, 55*, 586-588.

Gelb, B. D. (1975). Incentives to increase survey returns: Social class considerations. *Journal of Marketing Research, 12*, 107-109.

Godwin, K. (1979). Consequences of large monetary incentives in mail surveys of elites. *Public Opinion Quarterly, 43*, 378-387.

Goodstadt, M. S., Chung, L., Kronitz, R., & Cook, G. (1977). Mail survey response rates: Their manipulation and impact. *Journal of Marketing Research, 14*, 391-395.

Gough, H. G., & Hall, W. B. (1977). Comparison of physicians who did and did not respond to a postal questionnaire. *Journal of Applied Psychology, 62*, 777-780.

Gullahorn, J. E., & Gullahorn, J. T. (1963). An investigation of the effects of three factors on response to mail questionnaires. *Public Opinion Quarterly, 27*, 294-296.

Hackler, J. C., & Bourgette, P. (1973). Dollars, dissonance, and survey returns. *Public Opinion Quarterly, 37*, 276-281.

Hancock, J. W. (1940). An experimental study of four methods of measuring unit costs of obtaining attitude toward the retail store. *Journal of Applied Psychology, 24*, 213-230.

Hansen, R. A. (1980). A self-perception interpretation of the effect of monetary and non-monetary incentives on mail survey respondent behavior. *Journal of Marketing Research, 17*, 77-83.

Harris, J. R., & Guffey, H. J., Jr. (1978). Questionnaire returns: Stamps versus business reply envelopes revisited. *Journal of Marketing Research, 15*, 290-293.

Heaton, E. E., Jr. (1965). Increasing mail questionnaire returns with a preliminary letter. *Journal of Advertising Research, 5*, 36-39.

Heberlein, T. A., & Baumgartner, R. (1978). Factors affecting response rates to mailed questionnaires: A quantitative analysis of the published literature. *American Sociological Review, 43*, 447-462.

Hendrick, C. R., Borden, R., Giesen, M., Murray, E. J., & Seyfried, B. A. (1972). Effectiveness of ingratiation tactics in a cover letter on mail questionnaire response. *Psychonomic Science, 26*, 349-351.

Henley, J. R., Jr. (1976). Response rate to mail questionnaires with a return deadline. *Public Opinion Quarterly, 40*, 374-375.

Hite, S. (1976). *Hite report: A nationwide study of female sexuality.* New York: Macmillan.

Hopkins, K. D., & Gullickson, A. R. (1992). Response rates in survey research: A meta-analysis of the effects of monetary gratuities. *Journal of Experimental Education, 61*, 52-62.

Hopkins, K. D., & Podolak, J. (1983). Class-of-mail and the effects of monetary gratuity on the response rates of mailed questionnaires. *Journal of Experimental Education, 51,* 169-170.

Hornik, J. (1981). Time cue and time perception effect on response to mail surveys. *Journal of Marketing Research, 18,* 243-248.

House, J. S., Gerber, W., & McMichael, A. J. (1977). Increasing mail questionnaire response: A controlled replication and extension. *Public Opinion Quarterly, 41,* 95-99.

Houston, M. J., & Jefferson, R. W. (1975). The negative effects of personalization on response patterns in mail surveys. *Journal of Marketing Research, 12,* 114-117.

Houston, M. J., & Nevin, J. R. (1977). The effects of source and appeal on mail survey response patterns. *Journal of Marketing Research, 14,* 374-377.

Hubbard, R., & Little, E. (1988). Promised contributions to charity and mail survey responses replication with extension. *Public Opinion Quarterly, 52,* 223-230.

Huck, S. W., & Gleason, E. M. (1974). Using monetary inducements to increase response rate from mailed surveys. *Journal of Applied Psychology, 59,* 222-225.

James, J. M., & Bolstein, R. (1990). Effect of monetary incentives and follow-up mailings on the response rate and response quality in mail surveys. *Public Opinion Quarterly, 54,* 346-361.

James, J. M., & Bolstein, R. (1992). Large monetary incentives and their effect on mail survey response rates. *Public Opinion Quarterly, 56,* 442-453.

Jolson, M. A. (1977). How to double or triple mail response rates. *Journal of Marketing, 41,* 78-81.

Jones, W. H., & Lang, J. R. (1980). Sample composition bias and response bias in a mail survey: A comparison of inducement methods. *Journal of Marketing Research, 17,* 69-76.

Jones, W. H., & Linda, G. (1978). Multiple criteria effects in a mail survey experiment. *Journal of Marketing Research, 15,* 280-284.

Kanuk, L., & Berenson, C. (1975). Mail surveys and response rates: A literature review. *Journal of Marketing Research, 12,* 440-453.

Kawash, M. B., & Aleamoni, L. M. (1971). Effect of personal signature on the initial rate of return of a mailed questionnaire. *Journal of Applied Psychology, 55,* 589-592.

Kephart, W. M., & Bressler, M. (1958). Increasing the responses to mail questionnaires. *Public Opinion Quarterly, 22,* 123-132.

Kerin, R. A., & Peterson, R. A. (1977). Personalization, respondent anonymity, and response distortion in mail surveys. *Journal of Applied Psychology, 62,* 86-89.

Kernan, J. B. (1971). Are "Bulk Rate Occupants" really unresponsive? *Public Opinion Quarterly, 35,* 420-424.

Kimball, A. E. (1961). Increasing the rate of return in mail surveys. *Journal of Marketing, 25,* 63-65.

Larson, R. F., & Catton, W. R., Jr. (1959). Can the mail-back bias contribute to a study's validity? *American Sociological Review, 24,* 243-245.

Lavrakas, P. J. (1993). *Telephone survey methods: Sampling, selecton and supervision* (2nd ed.). Newbury Park, CA: Sage.

Linsky, A. S. (1975). Stimulating responses to mailed questionnaires: A review. *Public Opinion Quarterly, 39,* 82-101.

Lockhart, D. C. (1991). Mailed surveys to physicians: The effect of incentives and length on the return rate. *Journal of Pharmaceutical Marketing & Management, 6,* 107-121.

Lorenzi, P., Friedmann, R., & Paolillo, J. (1988). Consumer mail survey responses: More (unbiased) bang for the buck. *Journal of Consumer Marketing, 5,* 31-40.

Martin, J. D., & McConnell, J. P. (1970). Mail questionnaire response induction: The effect of four variables on the response of a random sample to a difficult questionnaire. *Social Science Quarterly, 51,* 409-414.

Mason, W. S., Dressel, R. J., & Bain, R. K. (1961). An experimental study of factors affecting response to a mail survey of beginning teachers. *Public Opinion Quarterly, 25,* 296-299.

McCrohan, K. F., & Lowe, L. S. (1981). A cost/benefit approach to postage used on mail questionnaires. *Journal of Marketing, 45,* 130-133.

McDaniel, S. W., & Jackson, R. W. (1981). An investigation of respondent anonymity's effect on mailed questionnaire response rate and quality. *Journal of the Market Research Society, 23,* 150-160.

Myers, J. H., & Haug, A. F. (1969). How a preliminary letter affects mail survey return and costs. *Journal of Advertising Research, 9,* 37-39.

Nederhof, A. J. (1983). The effects of material incentives in mail surveys: Two studies. *Public Opinion Quarterly, 47,* 103-111.

Nevin, J. R., & Ford, N. M. (1976). Effects of a deadline and a veiled threat on mail survey responses. *Journal of Applied Psychology, 61,* 116-118.

Newman, S. W. (1962). Differences between early and late respondents to a mailed survey. *Journal of Advertising Research, 2,* 37-39.

Ognibene, P. (1970). Traits affecting questionnaire response. *Journal of Advertising Research, 10,* 18-20.

O'Keefe, T., & Homer, P. (1987). Selecting cost-effective survey methods: Foot-in-the-door and prepaid monetary incentives. *Journal of Business Research, 15,* 365-376.

Parsons, R. J., & Medford, T. S. (1972). The effect of advanced notice in mail surveys of homogeneous groups. *Public Opinion Quarterly, 36,* 258-259.

Pearlin, L. I. (1961). The appeals of anonymity in questionnaire response. *Public Opinion Quarterly, 25,* 640-647.

Peterson, R. A. (1975). An experimental investigation of mail-survey responses. *Journal of Business Research, 3,* 199-209.

Pressley, M. M., & Tullar, W. L. (1977). A factor interactive investigation of mail survey response rates from a commercial population. *Journal of Marketing Research, 14,* 108-111.

Price, D. O. (1950). On the use of stamped return envelopes with mail questionnaires. *American Sociological Review, 15,* 672-673.

Pucel, D. J., Nelson, H. F., & Wheeler, D. N. (1971). Questionnaire follow-up returns as a function of incentives and responder characteristics. *Vocational Guidance Quarterly, 19,* 188-193.

Reuss, C. F. (1943). Differences between persons responding and not responding to a mailed questionnaire. *American Sociological Review, 8,* 433-438.

Roberts, R. E., McCrory, O. F., & Forthofer, R. N. (1978). Further evidence on using a deadline to stimulate responses to a mail survey. *Public Opinion Quarterly, 42,* 407-410.

Robertson, D. H., & Bellenger, D. N. (1978). A new method of increasing mail survey responses: Contributions to charity. *Journal of Marketing Research, 15,* 632-633.

Robins, L. N. (1963). The reluctant respondent. *Public Opinion Quarterly, 27,* 276-286.

Roeher, G. A. (1963). Effective techniques in increasing response to mail questionnaires. *Public Opinion Quarterly, 27,* 299-302.

Roscoe, A. M., Lang, D., & Sheth, J. N. (1975). Follow-up methods, questionnaire length, and market differences in mail surveys. *Journal of Marketing, 39*, 20-27.

Rosen, N. (1960). Anonymity and attitude measurement. *Public Opinion Quarterly, 24*, 675-680.

Rucker, M., Hughes, R., Thompson, R., Harrison, A., & Vanderlip, N. (1984). Personalization of mail surveys: Too much of a good thing? *Educational and Psychological Measurement, 44*, 893-905.

Schegelmilch, B. B., & Diamantopoulos, S. (1991). Prenotification and mail survey response rates: A quantitative integration of the literature. *Journal of the Market Research Society, 33*, 243-255.

Schewe, C. D., & Cournoyer, N. D. (1976). Prepaid vs. promised incentives to questionnaire response: Further evidence. *Public Opinion Quarterly, 40*, 105-107.

Schuman, H., Kalton, G., & Ludwig, J. (1983). Context and continuity in survey questionnaires. *Public Opinion Quarterly, 47*, 112-115.

Schuman, H., & Presser, S. (1981). *Questions and answers in attitude surveys: Experiments in question form, wording and context.* New York: Academic Press.

Schuman, H., & Scott, J. (1987). Problems in the use of survey questions to measure public opinion. *Science, 236*, 957-959.

Scott, C. (1961). Research on mail surveys. *Journal of the Royal Statistical Society, Series A, Part 2, 124*, 143-205.

Simon, R. (1967). Responses to personal and form letters in mail surveys. *Journal of Advertising Research, 7*, 28-30.

Sletto, R. F. (1940). Pretesting of questionnaires. *American Sociological Review, 5*, 193-200.

Stafford, J. E. (1966). Influence of preliminary contact on mail returns. *Journal of Marketing Research, 3*, 410-411.

Suchman, E. A. (1962). An analysis of "bias" in survey research. *Public Opinion Quarterly, 26*, 102-111.

Suchman, E. A., & McCandless, B. (1940). Who answers questionnaires? *Journal of Applied Psychology, 24*, 758-769.

Vocino, T. (1977). Three variables in stimulating responses to mailed questionnaires. *Journal of Marketing, 41*, 76-77.

Walker, B. J., & Burdick, R. K. (1977). Advance correspondence and error in mail surveys. *Journal of Marketing Research, 14*, 379-382.

Watson, J. (1965). Improving the response rate in mail research. *Journal of Advertising Research, 5*, 48-50.

Weilbacher, W., & Walsh, H. R. (1952). Mail questionnaires and the personalized letter of transmittal. *Journal of Marketing, 16*, 331-336.

Wildman, R. C. (1977). Effects of anonymity and social settings on survey responses. *Public Opinion Quarterly, 41*, 74-79.

Wotruba, T. R. (1966). Monetary inducements and mail questionnaire response. *Journal of Marketing Research, 3*, 398-400.

Wynn, G. W., & McDaniel, S. W. (1985). The effect of alternative foot-in-the-door manipulations on mailed questionnaire response rate and quality. *Journal of the Market Research Society, 27*, 15-26.

Yammarino, F. J., Skinner, S. J., & Childers, T. L. (1991). Understanding mail survey response behavior. *Public Opinion Quarterly, 55*, 613-639.

Yu, J., & Cooper, H. (1983). A quantitative review of research design effects on response rates to questionnaires. *Journal of Marketing Research, 20*, 36-44.

索引

A

Acquiescence bias,　熟識性的成見　77
Adverbial question construction,　副詞式問題結構　48-49
Aesthetics,　美觀　186
Agree-disagree questions,　同意－不同意問題　32, 36-38, 48, 59, 67, 77, 191
Analytic objectives,　分析的目標　59, 63
Anonymity,　匿名性　136, 137, 143, 145, 155, 166

B

Bias. 成見
See Acquiescence bias; Beginning-ending list bias; Central tendency bias; Item nonresponse; Lack of coverage; Loaded question; Measurement error; Nonrandom sampling; Nonresponse error; Recall bias; Response set biases.
Beginning-ending list bias,　表單中起頭或起尾的成見　78
Behaviorally anchored scales,　以行為次數為導向的等級　41-42
Bipolar scales,　雙級式等級　38
Brief questions,　簡潔的問題　45-46
Business reply,　商業回函　135, 139, 172

C

Central tendency bias, 中間傾向的成見 78

Charity, 慈善機構 168, 169

Check list, 勾選單 32

Clarity of instructions, 清楚明瞭的指示 152, 154, 213

Cleaning your data, 過濾資料 203

Clear questions, 清楚的問題 46

Closed-ended questions, 封閉式問題 16, 29, 31

Coding, 編碼 27, 181, 195, 199, 201, 202, 215

Coefficient alpha, α 係數 207

Cognitive dissonance, 認知不一致 164

Confidentiality, 保密性 136, 138, 142, 143, 155

Convenience samples, 方便樣本 86, 87

Creating scales, 建立等級 205

D

Data entry, 資料輸入 181, 195, 197, 198-205, 215, 223

Deadlines, 截止期限 177

Define key terms, 定義出關鍵詞 47

Developing questions, 製作問題 57

Don't know category, 「不知道」項目 32, 40-41, 67, 197, 205, 213

Double negatives, 雙重否定 48

E

Editing, 校訂 202, 203

Exhaustive response categories, 無所遺漏的答案選項 53-54

F

Feedback, 反饋 59-64, 117, 154, 214
Flow, 流程 26, 81, 154, 184
Focus groups, 焦點團體 58-62
Follow-ups, 後續追蹤 31, 33, 133, 210

G

Gifts, 禮物 167
Goals, 目標 17, 23, 25-26, 43, 87, 108, 190

H

Household surveys, 住戶調查 122
Hypothetical questions, 假設性問題 50

I

Incentives, 誘因 27, 159-170
Intention questions, 意圖類問題 49
Item nonresponse, 未作答的問項 65

J

Jargon, 術語 47

L

Lack of coverage, 涵蓋範圍不足 119
Length of the questionnaire, 問卷長度 150, 151
Literary Digest study, 文學文摘研究 19

Loaded questions,　引導性問題　54-57
Lottery,　抽獎　165

M

Management,　管理　137, 179
Measurement error,　測量誤差　71, 213
Memory,　記憶　79-81
Misunderstanding of questions,　誤解問題　23
Monetary rewards,　金錢的獎勵　161, 164, 165
Multiple choice questions,　複選題　33
Multistage sampling,　多階段抽樣　106-110
Multistage sampling proportionate to size,　依大小比例為主的多階段
　抽樣　109
Mutually exclusive response categories,　相互間具有排他性答案選項
　52

N

Nonrandom sampling,　非隨機抽樣　85, 107, 212
Nonresponders,　無回應者　23, 127-132, 140, 148
Nonresponse error,　無回應誤差　127, 131, 159, 214
Number of response alternatives,　選項的數目　37

O

Odd versus even,　奇數對偶數　38
Open-ended questions,　開放式問項　21, 30-31, 49, 202
Order of presentation of categories,　選項的排列順序　37
Other incentives,　其他誘因　168
Out-of-date lists,　過期的名單　115
Outgoing postage,　已付的郵資　173

P

Personalization, 人格化 176

Physical dimensions, 實際規格 190

Pilot test, 試驗性測試 60

Postage, 郵資 135, 141, 143, 171-174, 183, 190, 191, 215

Prenotification, 預先通知 170-171

Prepaid rewards, 預付酬金 160

Pretest, 預調 59-64, 83, 182, 213

Professional look, 專業性的外觀 186, 192

Promised monetary rewards, 允諾的金錢獎勵 161

Pronouns, 代名詞 48

Psychological distance, 心理上的距離 36

Q

Quality control, 品質管制 182-186, 202, 215

Question order, 問題的順序 75

Questions.

See Adverbial question construction;; Agree-disagree questions; Brief questions; Check list; Clear questions; Closed-ended question; Developing questions; Hypothetical questions; Intention questions; Loaded questions; Misunderstanding of questions; Multiple choice questions; Open-ended questions; Rating; Screening questions; Sensitive questions; Sequence of questions; Types of questions; Unidimensional questions; Yes-no questions.

Questionnaire length, 問卷長度 150-151

Quota samples, 配額樣本 86, 87, 212

R

Random errors, 隨機誤差 70, 71, 207

Random samples, 隨機樣本 39, 94-96, 99-108, 123, 127, 185, 210, 212

Ranking, 等級排序 34

Rates of selection, 選取比例 104, 123

Rating, 評定 36-38

Recall bias, 回憶式成見 79-81, 213

Relevant questions, 相關的問題 51

Reliability, 可靠性 70, 206, 207

Reminder postcard strategy, 明信片式提醒 144

Reminders, 提醒信函 26, 116, 138, 140, 141, 143, 145, 149, 155, 159, 169, 174, 177, 181, 210, 214

Representativeness, 代表性 87, 96-101

Respondent letters, 回覆信函 27, 133, 135, 141, 153, 160

Respondent motivation, 回覆的動機 153

Response categories, 答案選項 52, 53, 63, 72, 189, 213

Response order, 選項順序 75

Response rates, 回覆率 20, 116, 128-133, 136-142, 145-152, 159-171, 174, 176, 186, 190, 214, 216

Response set biases, 答案選項結構所產生的成見 77

Return envelopes, 回函信封 135, 141, 172, 185, 191, 214

Return postage, 回函郵資 135, 172

S

Sample design, 樣本設計 212

Sample selection bias, 樣本選取的偏差 22

Sample size, 樣本大小 92, 95, 106, 111-113, 141, 211, 213

Sampling error, 抽樣誤差 91, 96-101, 106, 111-113, 127, 147, 210-215

Sampling frame, 抽樣架構 89, 121, 210

Schedule, 進度表 171, 180-182

Screening questions, 篩選性問題 51, 67

Semantic differential, 語意差異 33

Sensitive questions, 敏感性問題 71-72, 83

Sequence of questions, 問題的順序 26, 51, 82, 186-189

Sheri Hite study, Sheri Hite 研究 20-21

Simple random sampling, 簡單隨機抽樣 94-96

Size of sample, 樣本大小 92, 111

Skip instructions, 省略的指示 67

Standardized stimulus, 標準化刺激 43

Stratified random sampling, 層級隨機抽樣 102

Study sponsorship, 研究的發起者 174

Systematic random sampling, 系統隨機抽樣 96-101

T

Time lines, 時間進度表 216

Total survey design, 整體性調查設計 24, 209, 215

Transferring data, 資料轉換 198

Type size, 字體大小 188

Types of appeal, 訴求的型態 175

Types of questions, 問題的類型 29, 35, 49, 198

Typesetting, 排版 186

U

Unidimensional questions, 單次元問題 51

Unipolar scales, 單級式等級 38

V

Verification,　確認　200, 203, 204

Y

Yes-no questions,　是 / 否類的問題　32, 77

　郵寄問卷調查

關於作者

　　Thomas W. Mangione 是位於波士頓之 JSI 研究與訓練協會（JSI Research and Training Institute）的資深研究員。他於 1973 年時，獲得密西根大學所頒授的組織心理學（organizational psychology）博士學位。當他還在研究所就讀的時候，就已經參與了多項由密西根調查研究中心（Michigan's Survey Research Center）所主導的全國性就業調查。他在調查研究的領域中，已擁有二十五年的經驗；所使用過的模式包括親自面談、電話調查以及自我管理式的資料蒐集等。在他加入 JSI 之前，乃是在麻塞諸塞州立大學的調查研究中心裡擔任資深研究員的工作。在那段工作期間中，他處理過一百件以上不同的調查計畫案；所涵蓋的主題相當廣泛，包括環境所造成的健康損害、酒精的使用、愛滋病的基本知識與高危險性行為、犯罪與恐懼以及精神健康等。他曾經多次針對其他研究人員的問卷調查表及調查設計方面的議題，提供諮詢及意見。當他任職於 JSI 之後，他繼續從事與酒精的使用及愛滋病的需求評估等有關的研究，而且也提供許多與問卷調查表之設計有關的諮

詢。Mangione 博士發表過許多論文,以及另一部也是屬於
調查研究方法論的著作〔與 Floyd J. fowler, Jr.所合著的《標
準化的面談式調查》(Standardized Survey Interviewing)〕。
此外,他也執教於波士頓大學及哈佛大學的公共衛生學院,
教授調查研究方法論方面的課程。

弘智文化事業出版品一覽表

弘智文化事業有限公司的使命是：
出版優質的教科書與增長智慧的軟性書。

心理學系列叢書

1. 《社會心理學》
2. 《金錢心理學》
3. 《教學心理學》
4. 《健康心理學》
5. 《心理學：適應環境的心靈》

社會學系列叢書

1. 《社會學：全球觀點》
2. 《教育社會學》

社會心理學系列叢書

1. 《社會心理學》
2. 《金錢心理學》

教育學程系列叢書

1. 《教學心理學》
2. 《教育社會學》
3. 《教育哲學》
4. 《教育概論》
5. 《教育人類學》

心理諮商與心理衛生系列叢書

1. 《生涯諮商：理論與實務》
2. 《追求未來與過去：從來不知道我還有其他的選擇》
3. 《夢想的殿堂：大學生完全手冊》
4. 《健康心理學》
5. 《問題關係解盤：專家不希望你看的書》
6. 《人生的三個框框：如何掙脫它們的束縛》
7. 《自己的創傷自己醫：上班族的職場規劃》
8. 《忙人的親子遊戲》

生涯規劃系列叢書

1. 《人生的三個框框：如何掙脫它們的束縛》
2. 《自己的創傷自己醫：上班族的職場規劃》
3. 《享受退休》

How To 系列叢書

1. 《心靈塑身》
2. 《享受退休》
3. 《遠離吵架》
4. 《擁抱性福》
5. 《協助過動兒》
6. 《迎接第二春》
7. 《照顧年老的雙親》
8. 《找出生活的方向》
9. 《在壓力中找力量》
10. 《不賭其實很容易》
11. 《愛情不靠邱比特》

企業管理系列叢書

1. 《生產與作業管理》
2. 《企業管理個案與概論》
3. 《管理概論》
4. 《管理心理學：平衡演出》
5. 《行銷管理：理論與實務》
6. 《財務管理：理論與實務》
7. 《重新創造影響力》

管理決策系列叢書

1. 《確定情況下的決策》
2. 《不確定情況下的決策》
3. 《風險管理》
4. 《決策資料的迴歸與分析》

全球化與地球村系列叢書

1. 《全球化：全人類面臨的重要課題》
2. 《文化人類學》
3. 《全球化的社會課題》
4. 《全球化的經濟課題》
5. 《全球化的政治課題》
6. 《全球化的文化課題》
7. 《全球化的環境課題》
8. 《全球化的企業經營與管理課題》

應用性社會科學調查研究方法系列叢書

1. 《應用性社會研究的倫理與價值》

2.　《社會研究的後設分析程序》

3.　《量表的發展：理論與應用》

4.　《改進調查問題：設計與評估》

5.　《標準化的調查訪問》

6.　《研究文獻之回顧與整合》

7.　《參與觀察法》

8.　《調查研究方法》

9.　《電話調查方法》

10.　《郵寄問卷調查》

11.　《生產力之衡量》

12.　《抽樣實務》

13.　《民族誌學》

14.　《政策研究方法論》

15.　《焦點團體研究法》

16.　《個案研究法》

17.　《審核與後設評估之聯結》

18.　《醫療保健研究法》

19.　《解釋性互動論》

20.　《事件史分析》

瞭解兒童的世界系列叢書

1.　《替兒童作正確的決策》

觀光、旅遊、休憩系列叢書

1.　《觀光行銷學》

資訊管理系列叢書

1. 《電腦網路與網際網路》

統計學系列叢書

1. 統計學

國家圖書館出版品預行編目資料

郵寄問卷調查 / Thomas W. Mangione 著；朱瑞淵、王昭正
譯. --初版. --台北市：弘智文化； 1999〔民 88〕
面： 公分（應用社會科學調查研究方法系列叢書；10）
參考書目：面；
含索引
譯自：Mail Survey ：Improving the Quality
ISBN 957-97910-2-3（平裝）

1. 調查法　2. 社會科學—研究方法

501.24　　　　　　　　　　　　　　　　88004627

郵寄問卷調查

原　　著 / Thomas W Mangione
譯　　者 / 朱瑞淵、王昭正
校　　閱 / 孫智陸
執行編輯 / 古淑娟
出 版 者 / 弘智文化事業有限公司
地　　址 / 台北縣深坑鄉北深路三段 260 號 8 樓
電　　話 /（02）8662-6826 · 8662-6810
傳　　真 /（02）2664-7633
發 行 人 / 馬琦涵
總 經 銷 / 揚智文化事業股份有限公司
地　　址 / 台北縣深坑鄉北深路三段 260 號 8 樓
電　　話 /（02）8662-6826 · 8662-6810
傳　　真 /（02）2664-7633
製　　版 / 信利印製有限公司
初版二刷 / 2008 年 03 月
定　　價 / 250 元
弘 智 文 化 出 版 品 進 一 步 資 訊 歡 迎 至 網 站 瀏 覽 ：
http://www.ycrc.com.tw

ISBN 957-97910-2-3